Vermessungskunde

III

Trigonometrische und barometrische Höhenmessung, Tachymetrie und Absteckungen

von

Dr.-Ing., Dr.-Ing. E. h. Walter Großmann

o. Professor an der Technischen Universität Hannover

Neunte verbesserte Auflage

Mit 101 Figuren

Sammlung Göschen Band 862

Walter de Gruyter & Co · Berlin 1969

vormals G. J. Göschen'sche Verlagshandlung · J. Guttentag, Verlagsbuchhandlung · Georg Reimer · Karl J. Trübner · Veit & Comp

Die Gesamtdarstellung umfaßt noch folgende Bände:

Band I: Stückvermessung und Nivellieren (Sammlung Göschen Band 468). Inhalt: Grundlagen; Abstecken und Messen gerader Linien; Aufnehmen und Auftragen kleiner Lagepläne; Flächenberechnung; Bestandteile geodätischer Meßinstrumente; Instrumente und Geräte zum Nivellieren; Nivellierverfahren.

Band II: Horizontalaufnahmen und ebene Rechnungen (Sammlung Göschen Band 469). Inhalt: Der Theodolit und das Messen von Horizontalwinkeln; Streckenmessung mit Streckenmeßgeräten; Polygonometrische Punktbestimmung; Trigonometrische Punktbestimmung.

Für die 1. bis 6. Auflage (1910 bis 1949) zeichnete als Verfasser Professor Dr. Paul Werkmeister. 1960 erschien eine vollständig neubearbeitete Auflage von Professor Dr. Walter Großmann, die die Grundlage der vorstehenden Auflage ist.

 — Archiv-Nr. 7990682 — Satz und Druck: Walter de Gruyter & Co., Berlin 30 — Printed in Germany

Inhaltsverzeichnis

3 Tachymetrische Instrumente

4 Tachymetrische und topographische Aufnahmeverfahren

5 Absteckungsarbeiten

1 Trigonometrische Höhenmessung

11 Die Grundgleichung der trigonometrischen Höhenmessung

Das theoretisch einfachste und zugleich genaueste Verfahren zur Bestimmung von Höhenunterschieden ist das in Band I im 5. und 6. Abschnitt behandelte Nivellement. Dieses Verfahren versagt jedoch gelegentlich, z. B. wenn es sich um die Bestimmung einer Turmhöhe handelt, und es wird unwirtschaftlich, z. B. wenn steile Hänge überschritten werden müssen. Für solche Fälle steht die trigonometrische Höhenmessung zur Verfügung. Diese kann sich darüber hinaus ganz allgemein aus Gründen der Wirtschaftlichkeit empfehlen, wenn Höhenunterschiede von etwas geringerer Genauigkeit verlangt werden.

Zur trigonometrischen Messung des Höhenunterschiedes der Punkte A und B mit den Meereshöhen $H_1 + i$ und $H_2 + t$ muß die horizontale Entfernung s der beiden Punkte bekannt sein und auf einem der beiden Punkte der Vertikalwinkel zu dem anderen gemessen werden. Der Vertikalwinkel kann dabei entweder der Höhenwinkel α oder sein Komplement, die Zenitdistanz $z = 100^g - \alpha$ sein. Mißt man in A die Zenitdistanz z und bezeichnet die Höhe der Kippachse des Theodolits über dem Bodenpunkt (= Instrumentenhöhe) mit i, die Höhe der Zieltafel B über dem Bodenpunkt mit t, so lautet die Grundgleichung der trigonometrischen Höhenmessung

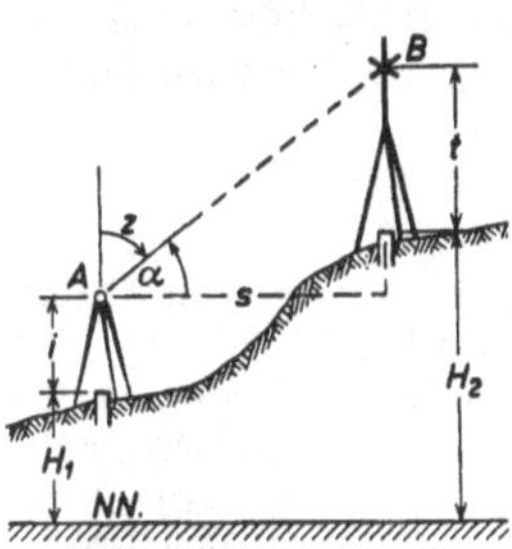

Bild 1.

$$h = H_2 - H_1 = s \cot z + i - t. \qquad (1)$$

Diese Gleichung gilt jedoch nur für Entfernungen bis etwa 250 m; bei größeren Entfernungen müssen die Krümmung der Erdoberfläche und die Beugung des Zielstrahls durch die Refraktion berücksichtigt werden [16].

12 Die Einrichtungen des Theodolits für die Vertikalwinkelmessung

Für die Vertikalwinkelmessung benötigen die Theodolite zwei Zusatzeinrichtungen, nämlich den Vertikal- oder Höhenkreis und die Ableseeinrichtung.

12.1 Der Höhenkreis, dessen Durchmesser gewöhnlich etwas kleiner ist als der des Horizontalkreises, ist zentrisch an der Kippachse befestigt, so daß er alle Kippbewegungen des Fernrohrs mitmacht. Er kann mit Hilfe einer Klemmvorrichtung [Band II 12.4] in einer bestimmten Stellung festgehalten und mit einer Feinbewegungsschraube fein eingestellt werden. Die Ableseeinheit ist oftmals etwas größer als die des Horizontalkreises.

Ältere Instrumente sind meistens mit Kreisen ausgestattet, die linksläufig in 360° oder zweimal 180° geteilt sind und Höhenwinkel angeben. Bei den neueren Instrumenten sind die Kreise durchweg rechtsläufig von 0 bis 400^g geteilt und so beziffert, daß Zenitdistanzen abgelesen werden (Bild 2 und 3).

12.2 Die Ableseeinrichtung besteht aus einem oder zwei Höhenzeigern, die in Kippachsenhöhe vor dem Höhenkreis angebracht sind. In die richtige Ausgangsstellung bringt man sie entweder mit einer Röhrenlibelle, die vor der Ablesung zum Einspielen gebracht wird, oder es ist ein Kompensator [Band I 63] eingebaut, der die Ableseeinrichtung automatisch in die Nullage bringt. Beide Einrichtungen sollen so justiert sein, daß man bei horizontaler Visur den Höhenwinkel 0^g bzw. die Zenitdistanz 100^g erhält. Abgelesen wird wie an den Horizontalkreisen mit Nonien oder Mikroskopen. Bei den neueren Mikroskoptheodoliten erscheinen Horizontalwinkel und Zenitdistanzen gewöhnlich in einem neben dem Theodolitfernrohr angebrachten Ableseokular; vgl. hierzu Band II 13 und 14 sowie die Bilder 19, 21 und 26.

Die Instrumente, bei denen die Ableseeinrichtung mit einer Röhrenlibelle eingestellt wird, unterteilt man, wie in den schematischen Bildern 2 und 3 gezeigt wird, in Instrumente mit „Libelle am Fernrohrträger“ und „Libelle am Höhenzeiger“.

Bautheodolite und ältere Instrumente besitzen gewöhnlich *Fernrohrträger- oder Bocklibellen.* Diese sind — von Justiermöglichkeiten abgesehen — unbeweglich am Fernrohrträger befestigt; sie können nur mit Hilfe der Fußschrauben des Instrumentes zum Einspielen gebracht werden.

Die Ingenieur- und Feinmeßtheodolite [Band II 13.2 und 14.3], deren Ableseeinrichtung mit Libellen eingestellt wird, sind überwiegend mit *Höhenzeigerlibellen* ausgestattet. Bei ihnen befinden Höhenzeiger und Röhrenlibelle sich auf einem unmittelbar vor dem Höhenkreis auf der Kippachse gelagerten Arm, der mit Hilfe einer eigenen Feinbewegungsschraube in beschränktem Umfang um die Kippachse gedreht werden kann. Die Höhenzeigerlibelle (nicht Höhen*kreis*libelle) läßt sich daher, ohne daß die Stellung der Vertikalachse verändert wird, allein mit der genannten Feinbewegungsschraube zum Einspielen bringen. Bei den „optischen Theodoliten“ wird die Stelle des Höhenzeigers durch das Prisma eingenommen, das die Ablesung in das Ableseokular spiegelt. Für die Messung ist die Höhenzeigerlibelle weitaus bequemer als die Bocklibelle.

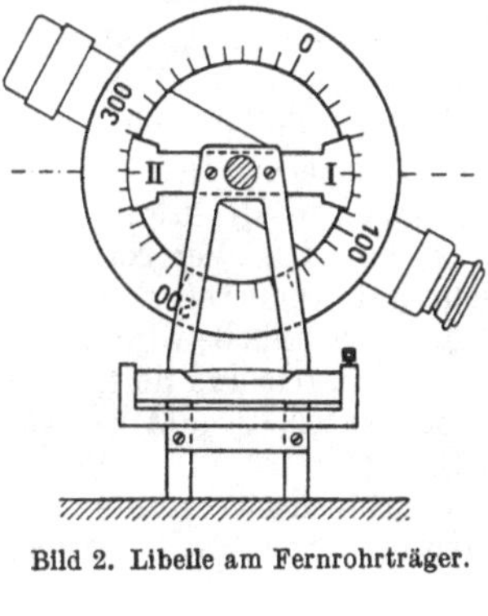

Bild 2. Libelle am Fernrohrträger.

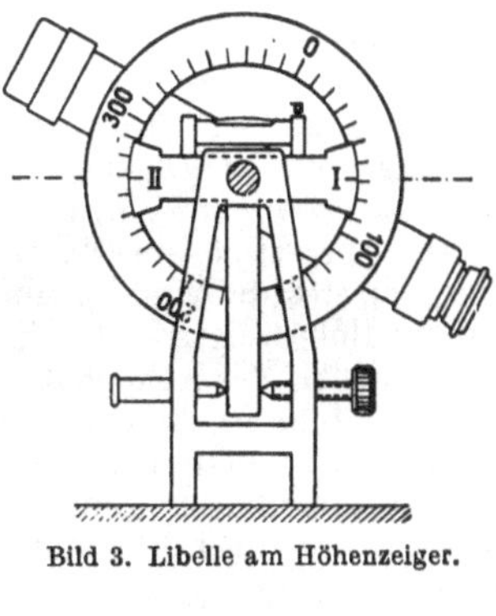

Bild 3. Libelle am Höhenzeiger.

Noch bequemer sind die in jüngster Zeit zunehmend in Aufnahme kommenden, mit Kompensatoren ausgestatteten Theodolite mit *automatischen Höhenzeigern*, bei denen das Einstellen einer Höhenzeigerlibelle sich ganz erübrigt. Bei diesen stellt der Höhenzeiger sich, wenn das Instrument mit Hilfe der Fußschrauben genähert horizontiert ist, unter dem Einfluß der Schwerkraft automatisch in die richtige Ausgangslage ein. Um das zu erreichen, leiten die Firmen Askania und Jenoptik das zum Ableseokular führende Strahlenbündel über optische Bauelemente, welche zur Kompensation einer etwaigen Neigung der Stehachse durch ein frei-

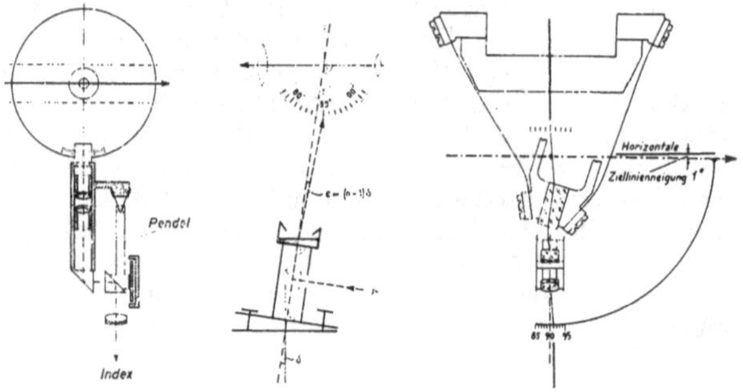

Bild 4. Verschiedene automatische Höhenzeiger (schematisch).

schwebendes Pendel gesteuert werden (Bild 4 links). Bei den Theodoliten Wild T1A und Zeiss-Oberkochen Th 4 wird die Kompensation nach den in Bild 4 Mitte (Wild) und Bild 4 rechts (Zeiss) angedeuteten Prinzipien erreicht. Der Th3 von Zeiss-Oberkochen — eine Art Übergangskonstruktion — besitzt eine durch ein Hebelsystem mit dem Vertikalkreismikrometer verbundene und sehr gut temperaturkompensierte Höhenzeigerlibelle. Ein Ende dieser Libelle wird in das Gesichtsfeld des Ablesemikroskops gespiegelt und dort, ohne daß die Libelle scharf eingestellt zu werden braucht, als Ableseindex benutzt; vgl. Band II Bild 23.

Die automatische Einstellung des Höhenzeigers bringt die Fehler, die früher oft dadurch entstanden, daß das Einstellen der Höhenzeigerlibelle von Hand vergessen wurde, in Fortfall. Unbefriedigend ist z. Z. noch, daß die Instrumente, damit die Kompensatoren fehlerfrei arbeiten, sorgfältiger horizontiert werden müssen als die Theodolite mit Höhenzeigerlibelle. Einige Kompensatoren geraten ferner bereits bei mäßigem Wind in Schwingungen, die die Ablesung erschweren und bei starkem Wind fast unmöglich machen können.

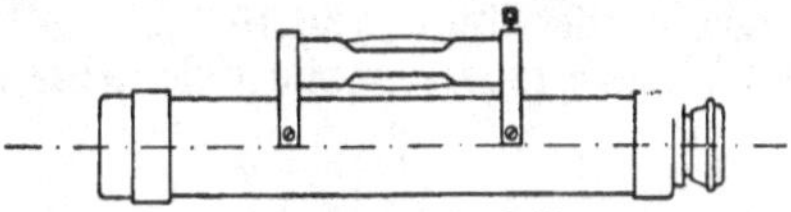

Bild 5. Fernrohrlibelle.

Manchmal ist an den Theodolitfernrohren eine als Wendellibelle geschliffene *Nivellierlibelle* angebracht. Auch mit dieser Libelle können Vertikalwinkel gemessen werden, indem man mit ihrer Hilfe das Fernrohr horizontal stellt, am Höhenkreis die entsprechende Ablesung macht und diese von der bei der Visur zum Ziel erhaltenen Ablesung abzieht.

13 Das Messen von Vertikalwinkeln

13.1 Die Anordnung der Messung. Fortan wird — wenn nicht anderes ausdrücklich gesagt ist — unterstellt, daß der Theodolit eine Höhenzeigerlibelle oder einen Kompensator besitzt; der Höhenkreis soll in 400^g eingeteilt sein und Zenitdistanzen liefern. Diejenige Fernrohrlage, bei der der Höhenkreis vom Beobachter aus gesehen links liegt, wird kurz mit „Kreis links“ oder mit Lage I bezeichnet. Die andere Lage heißt „Kreis rechts“ oder Lage II. Sind zwei Zeiger vorhanden, so heißen die Zeiger A und B, wobei Zeiger A in Fernrohrlage I dem Beobachter am nächsten liegt. Höhenwinkel sind aus den Zenitdistanzen rechnerisch abzuleiten.

Wie bei der Horizontalwinkelmessung wird zum Eliminieren von Instrumentalfehlern in beiden Fernrohrlagen beobachtet. Während aber bei der Horizontalwinkelmessung der Kreis feststeht und die Zeiger sich bewegen, ist es bei der Vertikalwinkelmessung umgekehrt. Ferner sind zur Bestimmung eines Horizontalwinkels zwei Richtungen einzustellen; der Vertikalwinkel dagegen wird — abgesehen von dem in

12.2 am Schluß genannten Sonderfall — durch Einstellen einer Richtung erhalten.

13.2 Berechnen von Zenitdistanzen und Indexabweichung. Die Ablesungen am Höhenkreis sind bei Instrumenten mit Höhenzeigerlibellen durch zwei Mängel der Ablesevorrichtung verfälscht: Die Projektion der Zielachse des Fernrohrs in die Ebene des Höhenkreises ist gegen die Verbindungsgerade der Teilstriche 100^g und 300^g um den kleinen Winkel ζ_1 geneigt; ferner bildet die Achse der Höhen-

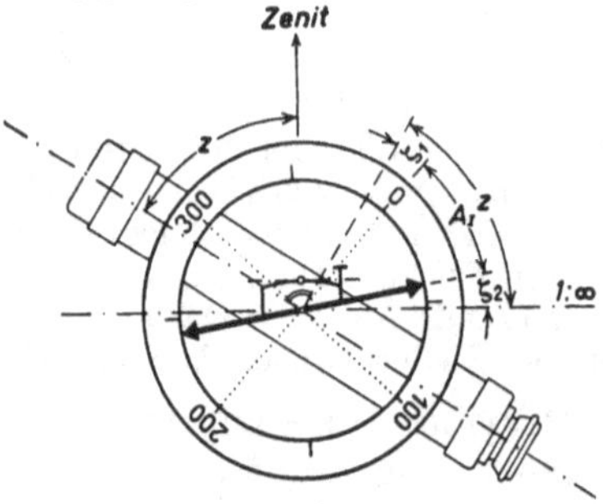

Bild 6. Indexabweichung.

zeigerlibelle bzw. die Normale zur Lotrichtung mit der Verbindungsgeraden der beiden Zeiger (bzw. falls nur ein Zeiger vorhanden ist, mit dem Höhenkreishalbmesser durch den Zeiger) den Winkel ζ_2. Die Summe $\zeta = \zeta_1 + \zeta_2$ wird als Indexabweichung bezeichnet.

Wie man dem Bild 6 entnimmt, wird ζ_1 auch von einer Normalen zur Zielachse und dem Halbmesser durch den Teilstrich „0“ gebildet, und ζ_2 tritt bei einspielender Libelle bzw. bei freischwingendem Kompensator auch als Winkel zwischen der Zeigerverbindungslinie und der Horizontalen auf. Denkt man sich die Zielachse in die Richtung zum Zenit, d. h. in die der Lotrichtung entgegengesetzten Richtung gebracht, so wird infolgedessen nicht 0, sondern ζ abgelesen. Demgemäß hat man beim Anzielen eines beliebigen Punktes P, wenn A_I die Ablesung in der I. Lage ist und ζ sein Vorzeichen im Sinne einer Verbesserung erhält, die in Bild 7 angedeuteten Verhältnisse.

Zum Messen in der II. Fernrohrlage wird der Oberbau des Theodolits um die Vertikalachse um 200^g gedreht. Bei Visur zum Zenit kommt dann, wie in Bild 8 dargestellt ist, der

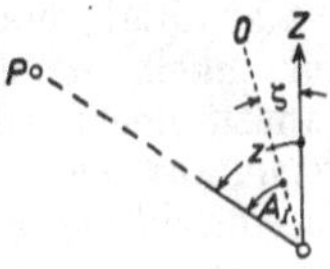

Bild 7.

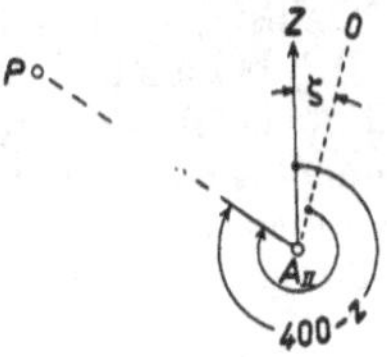

Bild 8.

Höhenkreishalbmesser durch 0 in eine zur I. Lage in Beziehung auf Z symmetrische Richtung, so daß man beim Anzielen von P die Ablesung A_{II} macht. Also ist

nach Bild 7 $\qquad z = A_I + \zeta \qquad$ (1)

nach Bild 8 $\qquad 400^g - z = A_{II} + \zeta. \qquad$ (2)

Zur Berechung von Zenitdistanz und Indexabweichung bildet man zuerst (1) — (2) und dann (1) + (2) und erhält

$$-400^g + 2z = A_I - A_{II} \text{ oder } 2z = (A_I + 400^g) - A_{II} \qquad (3)$$

$$400^g = A_I + A_{II} + 2\zeta \text{ oder } 2\zeta = 400^g - (A_I + A_{II}). \qquad (4)$$

Diese Gleichungen können auf 2 Wegen ausgewertet werden: *Erster Weg*: Man berechnet $2z$ nach (3) und 2ζ nach (4). *Zweiter Weg:* Man bildet die Summe $(A_I + A_{II})$ und stimmt sie auf 400^g ab, indem man A_I und A_{II} um je die Hälfte der Differenz gegen 400^g verbessert. Dann hat man in den verbesserten Ablesungen A_I und A_{II} die gesuchte Zenitdistanz sowie — als Probe — deren Ergänzung zu 400^g und in den Abstimmungsbeträgen die Indexabweichung ζ (Beispiel S. 16).

Eine Zenitdistanz wird daher folgendermaßen ermittelt: Nach dem Horizontieren des Theodolits mit der Alhidadenlibelle legt man den Höhenkreis nach links (I. Lage) und bringt den Horizontalfaden des Fernrohrs ins Ziel; dann läßt man die Höhenzeigerlibelle einspielen und macht die Ablesung A_I. In der II. Lage (Kreis rechts) sind die entsprechenden Handgriffe das Erfassen des Ziels mit dem Horizontalfaden, erneutes Einspielenlassen von Höhenzeigerlibelle und Ablesung A_{II}. Es folgt die Berechnung von z und ζ nach (3) und (4) oder nach der Methode des Abstimmens. Zwar wird ζ selbst meistens nicht benötigt; man bestimmt ζ jedoch, weil ζ bei allen Vertikalwinkelmessungen, die auf einem Stand gemacht werden, nahezu gleich sein muß, was eine Meßprobe bedeutet. Bei automatischen Höhenkreisen bringt der Kompensator die Ableseeinrichtung in die richtige Ausgangsstellung. Der Ablesevorgang wird dadurch nicht geändert.

Allgemein beachte man folgendes: Wird der Höhenkreis nur an einer Stelle abgelesen, wie es bei den meisten modernen Theodoliten vorgesehen ist, so fällt eine möglicherweise vorhandene Teilkreisexentrizität — anders als bei der Horizontalwinkelmessung — durch Beobachten in beiden Fernrohrlagen nicht heraus. Bei höchsten Genauigkeitsansprüchen beobachte man daher zweckmäßig Gegenvisuren.

13.3 Beseitigen der Indexabweichung. Beim Messen und Berechnen der Zenitdistanzen ist es angenehm, wenn die Indexabweichung klein ist. Für untergeordnete Messungen, die nur in einer Lage durchgeführt werden, sucht man sie ganz zu beseitigen. Das geschieht folgendermaßen:

Bei Instrumenten mit Höhenzeigerlibelle wird zunächst z nach 13.2 bestimmt. Alsdann wird der Zielpunkt — der Einfachheit halber in der I. Fernrohrlage — noch einmal scharf eingestellt und der Höhenzeiger mit Hilfe der Höhenzeiger-Feinbewegungsschraube so lange bewegt, bis die Sollablesung erscheint. In dieser Stellung wird die Höhenzeigerlibelle mit ihren Justierschrauben zum Einspielen gebracht. Bei Theodoliten mit Koinzidenzmikroskopen stellt man die Sollablesung an der Mikrometertrommel ein, bringt die Teilstriche des Höhenkreises mit Hilfe der Feinbewegungsschraube zur Koinzidenz und justiert die Libelle.

Auch bei Theodoliten mit automatischem Höhenzeiger ermittelt man zunächst die Sollablesung. Alsdann bringt man das Fadenkreuz ins Ziel und stellt entweder, während das Fadenkreuz im Ziel bleibt, mittels der Justierschrauben die Sollablesung her (Askania und Wild), oder man stellt zuerst die Sollablesung ein und bringt das Fadenkreuz mit seinen Justierschrauben ins Ziel (Jenoptik).

Bei Theodoliten mit Bocklibelle [12.2] wird ebenfalls zuerst nach 13.2 die Sollablesung ermittelt. Zur Beseitigung der Indexabweichung stellt man bei scharf einspielender Bocklibelle entweder die Sollablesung am Höhenkreis ein und bringt das Fadenkreuz mit Hilfe der Fadenkreuzjustierschrauben ins Ziel, oder man bringt zunächst das Fadenkreuz ins Ziel und stellt die Sollablesung durch Verschieben der Zeiger her.

13.4 Genauigkeit der Zenitdistanzmessung. Der mittlere Fehler einer beobachteten Zenitdistanz läßt sich aus der mehrfachen Bestimmung von ζ errechnen. Er ist nämlich auf Grund des Fehlerfortpflanzungsgesetzes [Band I 14.4], wenn m der mittlere Beobachtungsfehler in einer Fernrohrlage ist, gem. (3) und (4)

$$m_\zeta^2 = \frac{1}{4}(m^2 + m^2) = m_z^2.$$

Wenn man nun auf einem Stand s Zenitdistanzen in je n vollen Sätzen beobachtet hat, so berechnet man aus den $s \cdot n$ Beobachtungen von ζ das arithmetische Mittel ζ_m sowie die zugehörigen $v_\zeta = \zeta_m - \zeta$ und hat dann nach Band I 14.5 als mittl. Fehler einer aus beiden Lagen ermittelten Indexabweichung ζ und einer Zenitdistanz z

$$m_\zeta = \pm \frac{\sqrt{[v_\zeta v_\zeta]}}{s \cdot n - 1} = m_z. \qquad (5)$$

Da bei unserer Messungsanordnung ζ ns-mal, jedes z aber nur n-mal bestimmt wurde, sind die mittl. Fehler der gemittelten Werte

$$M_\zeta = \pm \frac{m_\zeta}{\sqrt{ns}}; \qquad M_z = \pm \frac{m_z}{\sqrt{n}}. \qquad (6)$$

Die Genauigkeit der Zenitwinkelmessung hängt weniger ab von der Güte des Teilkreises und der Ablesevorrichtung als von der Sorgfalt, mit der die Höhenlibelle zum Einspielen bzw. der Kompensator zur Ruhe gebracht wird. Als groben Durchschnitt kann man für eine mit einem Ingenieurtheodolit (Band II 14.32) einmal in beiden Lagen gemessene Zenitdistanz einen mittl. zufälligen Fehler von $\pm$ 20^{cc} erwarten. Dazu kann jedoch bei Theodoliten mit nur einer Ablesestelle noch ein durch eine Exzentrizität des Höhenkreises hervorgerufener systematischer Fehler bis zu etwa $\pm 30^{cc}$ hinzukommen. (Soltau, G., Die Vertikalkreisexentrizität an Theodoliten mit einem Zeiger, Zeitschr. f. Verm.wesen 1961, S. 392; vergl. auch Fialvoszky, L., Vermessungstechnik, 1965, S. 178). Bei höheren Genauigkeitsansprüchen wird man daher entweder diesen systematischen Fehler nach der angegebenen Literatur bestimmen und eliminieren, oder einen Feinmeßtheodolit mit einem Koinzidenzmikroskop (Band II 14.32) verwenden und damit gleichzeitig die zufälligen Fehler spürbar herabsetzen.

13.5 Zahlenbeispiel: Beobachtungen am Vertikalkreis und Berechnung der Zenitdistanzen auf dem 2. Weg von 13.2.

Instrument: Zeiss Th 3, Nr.: 151543 Standpkt. TP *A*

Ziel	Satz	Lage	Ablesungen am Vert. Kreis	ζ	z $400 - z$	z gemittelt	v_ζ	v_ζ^2
			g	cc	g		cc	(cc)²
TP *B*	1	I	97,3820	−20	97,3800	97,3802	−8	64
		II	302,6220	−20	302,6200			
			400,0040		400,0000			
	2	I	97,3830	−25	97,3805		−3	9
		II	302,6220	−25	302,6195			
			400,0050		400,0000			
TP *C*	1	I	97,8880	−35	97,8845	97,8842	+7	49
		II	302,1190	−35	302,1155			
			400,0070		400,0000			
	2	I	97,8870	−30	97,8840		+2	4
		II	302,1190	−30	302,1160			
			400,0060		400,0000			126
		Im Mittel $\zeta = -28$			$m_\zeta = \pm\sqrt{\frac{126}{2\cdot 2-1}} = \pm 6{,}5^{cc}$			

$$M_\zeta = \pm \frac{6{,}5}{\sqrt{2\cdot 2}} = \pm 3{,}2^{cc}; \quad Mz_B = Mz_C = \pm \frac{6{,}5}{\sqrt{2}} = \pm 4{,}6^{cc}$$

14 Trigonometrische Höhenübertragung auf kurze Entfernungen

Unter kurzen Entfernungen sollen Strecken verstanden werden, bei denen der Einfluß von Erdkrümmung und Refraktion auf die trigonometrische Höhenbestimmung [16] vernachlässigt werden kann.

14.1 Turmhöhenbestimmung mit horizontalem Hilfsdreieck (Bild 9 und 10). Gegeben ist die NN-Höhe H_a eines Punktes A, gesucht die Höhe H_t eines nahegelegenen Turms. Die Aufgabe gliedert sich in zwei Schritte:

Erster Schritt: Da die Projektion der Turmspitze gewöhnlich in das Gebäudeinnere fällt, muß die Horizontalprojektion s der Entfernung vom Instrument zum Turmknopf indirekt bestimmt werden. Dazu legt man nach Maßgabe des Bildes 9 in der Nähe des Turmes eine Basis $AB = b$ an und beobachtet auf A und B bei streng lotrechter Stehachse [Band I 51.32] die Horizontalwinkel α und β. Dann ist

$$s = b \frac{\sin \beta}{\sin(\alpha + \beta)}. \tag{1}$$

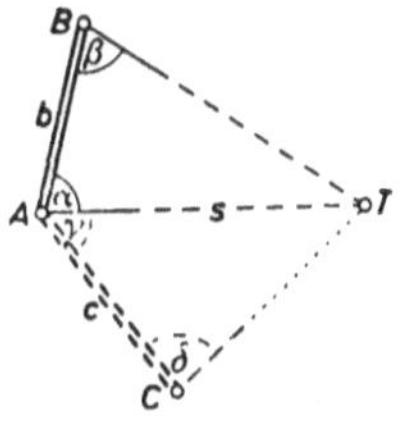

Bild 9.

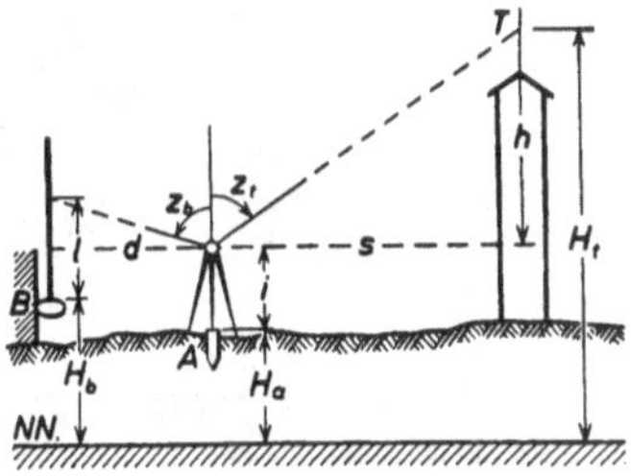

Bild 10.

Zur Probe kann s ein zweites Mal mit Hilfe des punktiert angedeuteten zweiten Hilfsdreiecks ermittelt werden.

Zweiter Schritt: Zur Bestimmung von H_t mißt man sodann die Höhe i der Kippachse über dem Bodenpunkt und erhält gem. Bild 10 die gesuchte Turmhöhe aus

$$H_t = H_a + i + s \cot z_t. \tag{2}$$

Ist H_a nicht bekannt, wohl aber die Höhe H_b eines in der Entfernung d stehenden Höhenbolzens, so bekommt man den Instrumentenhorizont $(H_a + i)$, indem man eine Nivellierlatte auf B entweder bei einspielender Fernrohrlibelle abliest oder wie in Bild 10 an der Latte l einstellt und z_b mißt. In diesem Falle ist

$$H_t = H_b + l - d \cot z_b + s \cot z_t. \tag{2a}$$

Zur Probe kann die Höhe des Bolzens auch über B oder C auf T übertragen werden. Wegen der Form der horizontalen Hilfsdreiecke beachte man Band II 44.3. Die Länge der auf den Turm zu führenden Seiten wähle man möglichst so, daß z_t nicht kleiner als 70^g wird.

14.2 Turmhöhenbestimmung mit vertikalem Hilfsdreieck. Wenn es an Raum zum Anlegen eines horizontalen Hilfsdreiecks fehlt, z. B. weil die Turmspitze nur von einer schmalen Straße aus anzumessen ist, so nimmt man nach Bild 11 das vertikale Hilfsdreieck $P_1\ P_2\ T$ zur Hilfe.

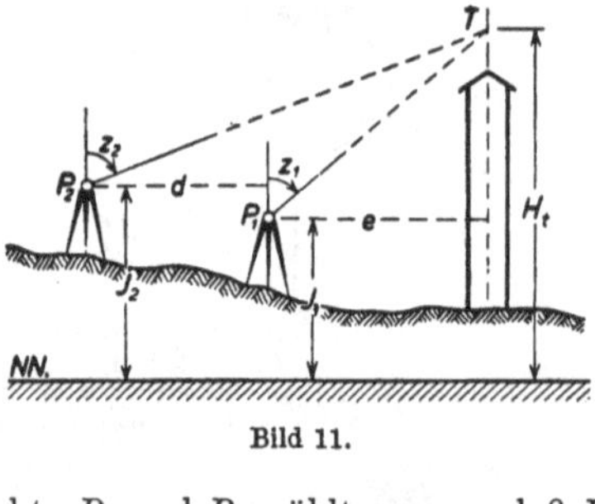

Bild 11.

Die Hilfspunkte P_1 und P_2 wählt man so, daß P_1, P_2 und T in einer Vertikalebene liegen, und macht folgende Arbeitsgänge:

a) Messen der horizontalen Strecke $P_1\ P_2 = d$.

b) Bestimmen der Instrumentenhorizonte $J_1 = H_1 + i_1$ und $J_2 = H_2 + i_2$ wie in 14.1.

c) Messen der Zenitdistanzen z_1 und z_2.

d) Berechnen von e, indem man nach dem Bild 11 ansetzt

$$H_t = J_1 + e \cot z_1 = J_2 + (d + e) \cot z_2 \tag{3}$$

und daraus ableitet

$$e = \frac{d \cot z_2 + J_2 - J_1}{\cot z_1 - \cot z_2}\,. \tag{4}$$

e) Zweimalige Berechnung von H_t nach (3).

f) Zur Probe Wiederholen der Messungen mit etwas veränderter Höhenlage des Theodolits.

Die Turmhöhenbestimmung in einer Vertikalebene ist beträchtlich ungenauer als die mit einem horizontalen Hilfsdreieck, weil die Visuren, durch die H_t bestimmt wird, sich unter einem recht spitzen Winkel schneiden. Man beachte daher folgendes:

a) Den vorderen Standpunkt P_1 bringe man möglichst nahe an den Turm ($z_1 \approx 50^g$). Die Länge von d soll etwa zwei Turmhöhen betragen, womit $z_2 \approx 80^g$ wird.

b) Die Strecke d ist mit großer Sorgfalt zu messen.

c) Die Zenitdistanz im hinteren Stand P_2 soll mit größerer Genauigkeit (doppelte Anzahl von Sätzen) beobachtet werden als die in P_1.

d) Die Höhenübertragung ist auf dem hinteren Standpunkt P_2 anzusetzen; die auf P_1 dient nur zur Kontrolle.

e) Die günstigste Bestimmung erhält man, wenn sich für P_1 und P_2 die Standorte auf entgegengesetzten Seiten des Turmes finden lassen*).

14.3 Beim trigonometrischen Nivellement werden wie beim geometrischen Nivellement zur Überbrückung größerer Entfernungen mehrere Einzelhöhenunterschiede aneinandergereiht, die über Zielweiten bis etwa 200 m mit Hilfe von Zenitdistanzen und Entfernungen ermittelt werden. Aus Bild 12, in dem der Index r den Rückblick und der Index v den Vorblick andeutet, entnimmt man als Grundgleichung für einen Höhenunterschied

*) Köhr, J., Fehlertheorie der Turmhöhenbestimmung in einer Vertikalebene. Zeitschr. f. Verm.Wesen 1951, S. 193.

$$H_b - H_a = h = (l_r - h_r) - (l_v - h_v)$$

$$\text{oder } h = s_v \cot z_v - s_r \cot z_r + l_r - l_v. \qquad (5)$$

Macht man alle l_r und l_v gleich groß (z. B. 2 Meter), so fallen sie heraus. Man erhält dann umgekehrt wie beim geometrischen Nivellement den Höhenunterschied aus Vorblick minus Rückblick.

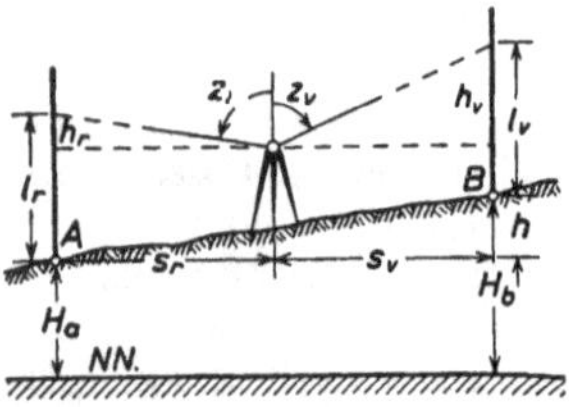

Bild 12.

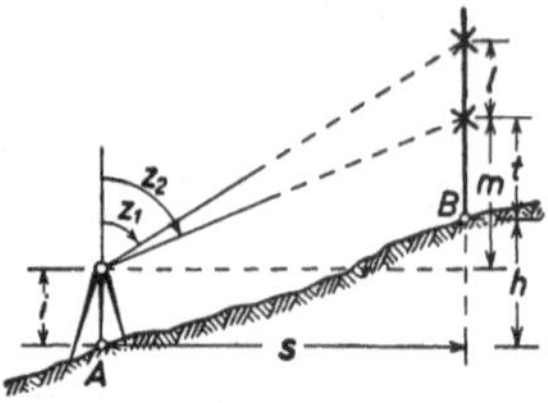

Bild 13.

Ist die Entfernung vom Instrument zur Ziellatte unbekannt, so kann man sie indirekt bestimmen, indem man die Zenitdistanzen nach zwei um den Abstand l voneinander entfernten Lattenstrichen mißt. Dann ist nach Bild 13

$$s \cot z_1 = l + m; \quad s \cot z_2 = m$$

$$\text{und} \quad s = \frac{l}{\cot z_1 - \cot z_2}, \qquad (6)$$

$$H_b - H_a = h = s \cot z_1 + i - (l + t) = s \cot z_2 + i - t. \qquad (7)$$

l (1 oder 2 Meter) muß um so sorgfältiger bestimmt werden, je steiler die Sicht ist. Bei großen Zielweiten markiere man die Ablesestellen an der Latte durch Zieltafeln.

Sollen die Höhen von Polygonpunkten ermittelt werden, so beobachtet man meistens die Zenitdistanzen nur auf jedem zweiten Punkt und stellt auf den Zwischenpunkten Zieltafeln auf, deren Horizontalstrich ebenso hoch über dem Dreifuß liegt wie die Kippachse des Instruments. Auf jedem Polygonpunkt ist die Bodenhöhe der Kippachse bzw. der Zieltafel zu vermerken. Vgl. jedoch 13.2 am Schluß.

15 Die Genauigkeit der trigonometrischen Höhenmessung auf kurze Entfernungen

hängt sehr wesentlich davon ab, ob die vernachlässigten Einflüsse von Erdkrümmung und Refraktion zu der Genauigkeit der Zenitdistanzmessung und der Streckenbestimmung in einem richtigen Verhältnis stehen.

Der Einfluß von Erdkrümmung und Refraktion beträgt, wie in 16.1 gezeigt werden wird, auf 100 m, 200 m und 500 m rund 0,7 mm, 2,8 mm und 18 mm. Um die Auswirkungen der Messungsungenauigkeiten überschlagen zu können, differenziere man die Gl. 11 (1) und erhält, wenn man $H_2 - H_1 = h$ setzt,

$$dh = \cot z \, ds - \frac{s}{\sin^2 z} \cdot \frac{dz}{\varrho} + di - dt \tag{1}$$

oder wenn man die Differentiale als mittlere Fehler betrachtet und das Fehlerfortpflanzungsgesetz [Band I 14.4] anwendet,

$$m_h^2 = (\cot z \, m_s)^2 - \left(\frac{s}{\sin^2 z} \frac{m_z}{\varrho}\right)^2 + m_i^2 + m_t^2 \,. \tag{2}$$

Unterstellt man, daß die Zenitdistanzen in zwei unabhängigen Sätzen gemessen wurden, so kann man ausgehend von der in 13.4 angegebenen Meßgenauigkeit $m_z = \pm 20^{cc}/\sqrt{2} \approx \pm 15^{cc}$ setzen. m_s wird zweckmäßig so gewählt, daß das erste Glied die gleiche Größenordnung bekommt wie das zweite. Setzt man dazu versuchsweise $m_s = \pm 0{,}0015 \sqrt{s}$, so ergeben sich die in der nachstehenden Tabelle eingetragenen Millimeterbeträge:

z \ s	$\cot z \, m_s$			$\frac{s}{\sin^2 z} \frac{m_z}{\varrho}$		
	100 m	200 m	500 m	100 m	200 m	500 m
90^g	2,4	3,4	5,4	2,4	4,8	12,0
70^g	7,6	10,8	17,1	2,9	5,9	14,7
50^g	15,0	21,2	33,6	4,7	9,4	23,5

Nach dieser Tabelle liefern Beobachtungen mit $m_z = \pm 15^{cc}$ und $m_s = \pm 0{,}0015 \sqrt{s}$ Fehler der gleichen Größenordnung; nur bei Steilvisuren sind die Strecken noch etwas sorgfältiger zu ermitteln. Mißt man die Zenitdistanzen genauer oder weniger genau, so muß die Genauigkeit der Streckenbestimmung im gleichen Verhältnis gesteigert oder vermindert werden. Außerdem müssen i und t mit entsprechender Sorgfalt bestimmt werden.

Werden die für m_z und m_s gefundenen Zahlenwerte in (2) eingeführt und m_i und m_t mit $\pm$ 2 mm in Rechnung gestellt, so darf man als mittleren Gesamtfehler der beobachteten Höhenunterschiede nachstehende Millimeterbeträge erwarten:

z \ s	100 m	200 m	500 m
90^g	4,4	6,5	13,4
70^g	8,5	12,7	22,7
50^g	16,0	23,4	41,1

$$m_z = \pm 15^{cc}$$
$$m_s = \pm 0{,}0015\sqrt{s}$$
$$m_i = \pm 2\,\text{mm}$$
$$m_t = \pm 2\,\text{mm}$$

Bei Strecken bis zu 200 m sind diese Fehlerbeträge rund viermal so groß wie die Auswirkungen von Erdkrümmung und Refraktion, während bei 500 m beide die gleiche Größenordnung haben. Kurze Entfernungen im Sinne des einleitenden Satzes sind also Strecken bis etwa 250 m. Diese Entfernung wird bei der Bestimmung von Turm- und Gebäudehöhen oder bei trigonometrischen Nivellements kaum jemals überschritten werden.

Die in der obigen Tabelle errechneten Beträge können daher unmittelbar zum Abschätzen der mit einer einzelnen Höhenunterschiedsbestimmung erreichbaren Genauigkeit in 14.1 und 14.3 dienen. Im Falle 14.2 ist die Fehlerberechnung komplizierter; es sei dazu auf die Literaturangabe auf S. 19 Anm. verwiesen. In 14.3 ist der mittlere Fehler des Gesamthöhenunterschiedes wie beim geometrischen Nivellement [Band I 75] gleich der Wurzel aus der Quadratsumme der mittl. Fehler der Einzelhöhenunterschiede.

16 Trigonometrische Höhenübertragung über große Entfernungen

16.1 Erdkrümmung und Refraktion bewirken, daß bei größeren Entfernungen die Strecke AD des Bildes 14 als Kreisbogen behandelt werden muß und daß auch der Zielstrahl AB in einen flachen Bogen übergeht. Zur Vereinfachung

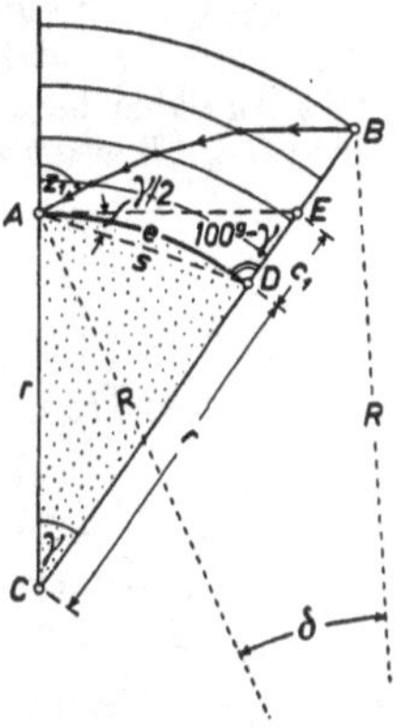

Bild 14.

der nachstehenden Darstellung sind in Bild 14 die Instrumentenhöhe i und die Tafelhöhe t fortgelassen worden.

Infolge der *Erdkrümmung* schneidet eine Tangentialebene, die in A an die als Kugel gedachte Erde gelegt ist, die den Punkt B enthaltende Flächennormale im Abstand c_1 von der Erdoberfläche. Zur Ermittlung von c_1 beachte man, daß im Bild 14 der Winkel DAE gleich dem halben Zentriwinkel γ, also gleich $e/2r$ ist. Dann folgt auf Grund des Sinussatzes, da genau genug $e \approx s$ und damit $\sin \gamma/2 \approx s/2r$ ist,

$$c_1 = \frac{s \sin \gamma/2}{\sin(100^g - \gamma)} = \frac{s \sin \gamma/2}{\cos \gamma} \approx \frac{s\, \gamma/2 + \ldots}{1 + \ldots}$$

oder

$$c_1 \approx \frac{s^2}{2r} + \ldots \qquad (1)$$

Mit dieser Überschlagsformel ergibt sich:

auf	100 m	200 m	500 m	1000 m	5 km	10 km
c_1 =	0,8 mm	3,2 mm	2,0 cm	7,9 cm	1,96 m	7,9 m.

Die *Refraktion* entsteht in der Hauptsache dadurch, daß die Dichte der Luft mit wachsender Höhe abnimmt. Denkt man sich die Luft als eine Folge aufeinanderliegender Schichten, deren Dichte nach oben zu immer geringer wird (Bild 14), so wird ein von A *ausgehender* Lichtstrahl fortlaufend zum dichteren Medium hin gebrochen. Die so entstehende Lichtkurve wird in erster Näherung als Kreisbogen mit dem Radius R betrachtet, und man weiß aus Erfahrung, daß $R \approx 8r$ ist. Man rechnet jedoch nicht mit R, sondern setzt $R = r/k$ und nennt $k = r/R$ den *Refraktionskoeffizienten.*

Zur Verdeutlichung der geometrischen Zusammenhänge ist der obere Teil des Bildes 14 im Bild 15 herausgezeichnet, und es ist dabei berücksichtigt worden, daß γ und der der Lichtkurve AB entsprechende Zentriwinkel δ (siehe Bild 14)

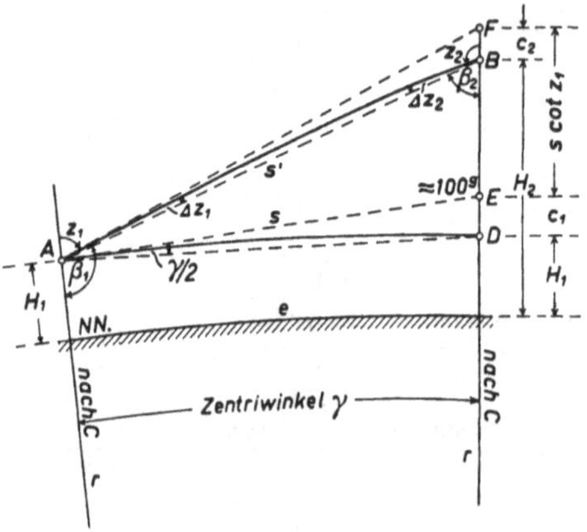

Bild 15.

sehr kleine Winkel sind. Man erkennt weiter, daß bei längeren Sichten zumal im Flach- und Hügelland die Zenitdistanzen nur wenig von 100^g abweichen. Schließlich ist genau genug $r \approx r + H$. Also kann ohne Genauigkeitsverlust $AD \approx AE \approx AB \approx AF \approx s$ gesetzt werden. Damit ergibt sich, da der Sehnentangentenwinkel $\Delta z_1 = {}^1/_2\delta$ ist, durch Wiederholung des auf (1) führenden Gedankengangs

$$c_2 \approx \frac{s^2}{2R} \approx \frac{ks^2}{2r}. \tag{2}$$

Die danach berechneten Beträge für c_2 machen für $R = 8r$ nur $^1/_8$ der entsprechenden Werte von c_1 aus und sind ihnen, wie Bild 15 erkennen läßt, im Vorzeichen entgegengesetzt. Die Wirkung der Erdkrümmung wird also durch die Refraktion um rund $^1/_8$ vermindert.

Der Refraktionskoeffizient hat für $R = 8r$ den Wert $k = 0{,}13$. k ist indessen abhängig von der Luftdichte, und diese ist ihrerseits wieder eine Funktion vor allem des Luftdrucks, der Lufttemperatur und der Luftfeuchtigkeit. In Bodennähe wird k ferner durch die verschiedenartige Gestaltung und Bewachsung der Erdoberfläche, ferner durch die in Band II 24.1 beschriebenen Erscheinungen der Einstrahlung und Ausstrahlung in oftmals schwer übersehbarer Weise beeinflußt. k ist daher regionalen und zeitlichen Schwankungen unterworfen, die schon unter normalen Verhältnissen $\pm$ 0,04 betragen können. Noch größer ist die Unsicherheit bei Zielungen über offene Wasserflächen, Wälder und Industriegelände; verhältnismäßig sichere Werte dagegen hat man im Hochgebirge bei Visuren gefunden, die großen Bodenabstand haben. Auch innerhalb eines Tages kann k um 20% schwanken, wobei die kleinsten Werte mittags gefunden werden.

16.2 Höhenunterschiede aus einseitig beobachteten Zenitdistanzen. Aus Bild 15 ist abzulesen

$$h = H_2 - H_1 = s \cot z_1 + c_1 - c_2 . \tag{3}$$

Daraus folgt durch Einsetzen von (1) und (2), wenn noch gem. 11 (1) die Instrumentenhöhe i und die Tafelhöhe t hinzugefügt werden,

$$h = H_2 - H_1 = s \cot z + (1-k)\frac{s^2}{2r} + i - t . \tag{4}$$

Wird k zu 0,13 und r zu 6370 km genommen und im Korrekturglied s in km angesetzt, so ist

$$h = H_2 - H_1 = s \cot z + 0{,}068\, s_{\mathrm{km}}^2 + i - t . \tag{5}$$

Für genaueste Messungen bezieht man die ganze Rechnung auf die Mittelhöhe $H_m = {}^1/_2\,(H_1 + H_2)$ und berücksichtigt im zweiten Glied von (5), daß in (3) an Stelle von s richtiger s' stehen muß. Dann erhält man als vervollständigte Formel für die trigonometrische Höhenübertragung auf weite Entfernungen

$$H_2 - H_1 = s\left(1 + \frac{H_m}{r}\right) \cot z + (1-k)\frac{s^2}{2r \sin^2 z} + i - t . \tag{6}$$

Dabei ist $H_2 - H_1$ die lotrechte Entfernung des Punktes B von der durch A gelegten Kugelfläche mit dem Halbmesser $(r + H_1)$.

Um die Meereshöhe von B zu gewinnen, ist noch der — im Rahmen der hier erstrebten Genauigkeit meistens zu vernachlässigende — Abstand der genannten Kugel vom Geoid in Rechnung zu stellen. Das ist indessen eine Aufgabe der höheren Geodäsie, die hier nicht behandelt werden kann.

16.3 Höhenunterschiede aus gegenseitigen Zenitdistanzen. In dem Dreieck ABC (Bild 15) bezeichne man vorübergehend den Winkel BAC mit β_1 und den Winkel CBA mit β_2. Dann gibt der ebene Tangenssatz

$$\frac{(r+H_2)-(r+H_1)}{(r+H_2)+(r+H_1)} = \frac{\tan {}^1/_2\,(\beta_1-\beta_2)}{\tan {}^1/_2\,(\beta_1+\beta_2)}\,. \tag{7}$$

Wegen

$$\beta_1 = 200^g - (z_1 + \Delta z_1); \quad \beta_2 = 200^g - (z_2 + \Delta z_2),$$
$$\tan {}^1/_2\,(\beta_1+\beta_2) = \cot {}^1/_2\,\gamma$$

ist

$$H_2 - H_1 = 2r\left(1 + \frac{H_2+H_1}{2r}\right)\frac{\tan {}^1/_2\,(z_2+\Delta z_2 - z_1 - \Delta z_1)}{\cot {}^1/_2\,\gamma}\,.$$

Man setze wieder ${}^1/_2\,(H_2+H_1) = H_m$ und, da γ ein kleiner Winkel ist, $\tan\gamma \approx s/r$; dann ist

$$2r\colon \cot\gamma/2 = 2r\cdot\tan\gamma/2 \approx s\,. \tag{8}$$

Betrachtet man ferner die Lichtkurve als Kreisbogen, so ist $\Delta z_1 = \Delta z_2$, und man erhält als Formel für die trigonometrische Höhenübertragung aus Gegensichten

$$h = H_2 - H_1 = s\left(1+\frac{H_m}{r}\right)\tan\frac{z_2-z_1}{2}\,. \tag{9}$$

Die Annahme, daß die Lichtkurve ein Kreisbogen ist, ist nur dann ausreichend gerechtfertigt, wenn das Geländeprofil auf A und B einigermaßen gleichmäßig ausgebildet ist, die atmosphärischen Verhältnisse auf beiden Seiten einander entsprechen und die gegenseitigen Zenitdistanzen gleichzeitig beobachtet wurden.

Nur unter diesen Voraussetzungen folgt aus (9), daß bei der Beobachtung von gegenseitigen Zenitdistanzen Erdkrümmung und Refraktion herausfallen.

16.4 Refraktionskoeffizient aus Gegenvisuren. Unter den in 16.3 genannten Voraussetzungen kann aus gegenseitigen Zenitdistanzen auch k berechnet werden. Im Dreieck ABC des Bildes 15 ist nämlich

$$z_1 + \Delta z_1 + z_2 + \Delta z_2 = 200^g + \gamma. \tag{10}$$

Nun ist, wenn der Lichtstrahl AB als Kreisbogen betrachtet und (8) beachtet wird,

$$\Delta z_1 = \Delta z_2 \approx \frac{s}{2R} \approx \frac{s \cdot k}{2r} \approx {}^1\!/_2\, \gamma \cdot k.$$

Einsetzen in (10) gibt

$$z_1 + z_2 + \gamma \cdot k = 200^g + \gamma,$$

$$k = 1 - \frac{z_1 + z_2 - 200^g}{\gamma}$$

oder mit $\gamma = \varrho\, s/r$

$$1 - k = \frac{z_1 + z_2 - 200^g}{\varrho} \cdot \frac{r}{s}. \tag{11}$$

Diese Formel läßt sich folgendermaßen auswerten:

Hat man ein trigonometrisches Höhennetz von einiger Ausdehnung zu beobachten, so messe man möglichst viel gleichzeitige und gegenseitige Zenitdistanzen, errechne daraus h und k und bilde durch Mittelung der k einen regionalen Refraktionskoeffizienten, mit dem die einseitig beobachteten Zenitdistanzen berechnet werden. Wegen eines einfachen Approximationsverfahrens zur Ausgleichung eines trigonometrischen Höhennetzes sei auf die Literatur verwiesen*).

16.5 Zahlenbeispiel zu 16.2 bis 16.4.

Einseitige Zenitdistanzen nach Gl. (5):

Beobachtet $z_1 = 98{,}6750^g$; $i = 1{,}42$ m; $t = 6{,}10$ m; $s = 1578{,}1$ m.

Gl. (5): $h = 1578{,}1 \cdot 0{,}020816 + 0{,}17 + 1{,}42 - 6{,}10 = 28{,}34$ m.

*) Lichte, H., Die Ausgleichung umfangreicher Höhennetze. Zeitschr. f. Verm.Wesen 1949, S. 2. — Großmann, W., Grundzüge der Ausgleichungsrechnung, 3. Aufl. 1968, Aufg. 37.

Gegenseitige Zenitdistanzen nach Gl. (9) und (11):
Beobachtet nach Reduktion auf die Stationsnullpunkte

$$z_1 = 98{,}8638^g;\ z_2 = 101{,}1510^g;\ s = 1578{,}1\,\text{m}.$$

Gl. (9): $h = 1578{,}1 \cdot 0{,}017965 = 28{,}35\,\text{m};$

Gl. (11): $k = 1 - \dfrac{148 \cdot 6370}{636620 \cdot 1{,}58} = 0{,}063.$

17 Reduktion von Zenitdistanzen auf den Stationsnullpunkt

Für die trigonometrische Höhenübertragung über große Entfernungen werden als Stand- und Zielpunkte häufig Türme benutzt. Oft müssen auf einem Turm für die Beobachtungen in den verschiedenen Richtungen verschiedene Theodolitstände benutzt werden, und wenn ein Turm Zielpunkt ist, werden von den benachbarten Beobachtungsstationen aus Hilfsziele angeschnitten, die in verschiedenen Höhen liegen. In solchen Fällen reduziert man alle Beobachtungen auf den jeweiligen Stationsnullpunkt und wählt dabei als solchen zweckmäßig die Kippachsenhöhe des Theodolitstandes, von dem aus die meisten Beobachtungen gemacht sind oder der von den meisten Beobachtungsstationen aus angeschnitten ist.

Die Reduktion entspricht der Zentrierung bei der Horizontalwinkelmessung. Die Formeln lassen sich aus den Bildern 16 und 17 leicht ablesen. Es seien B_1 und B_2 zwei Nebenbeobachtungsstände, Z_1 und Z_2 zwei Nebenzielpunkte; die Bedeutung und die Vorzeichen von i und t entnehme man den Bildern. Die in B_1 oder B_2 beobachtete Zenitdistanz sei z', die gesuchte sei z. Dann ist im Bild 16 im oberen Dreieck $\sin \delta_s = \sin z' \, i/s'$. Da aber $s' = s \sin z \approx s \sin z'$ ist und i einige Meter nicht überschreitet, ist

$$\delta_s^{cc} = \frac{i}{s}\,\varrho^{cc} \sin^2 z' \quad \text{und} \quad z = z' - \delta_s. \tag{1}$$

Ebenso gibt Bild 17 für Zielpunktsreduktionen

$$\delta_z^{cc} = \frac{t}{s}\,\varrho^{cc} \sin^2 z' \ \text{und} \ z = z' + \delta_z. \tag{2}$$

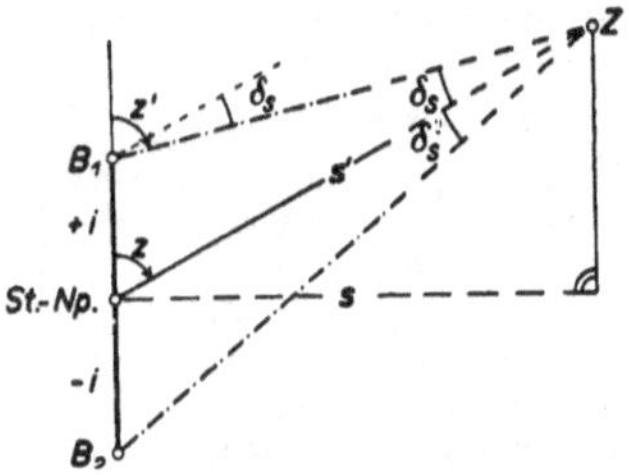

Bild 16.

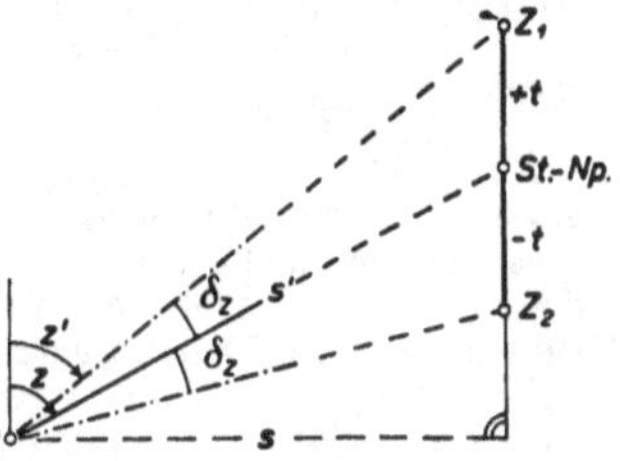

Bild 17.

Im Flachland ist $\sin^2 z \approx 1$ und daher genau genug

$$\delta_s^{cc} = \frac{i}{s}\,\varrho^{cc} \qquad \text{und} \qquad \delta_z^{cc} = \frac{t}{s}\,\varrho^{cc}. \tag{3}$$

Für die δ in den unteren Dreiecken der Bilder 16 und 17 gelten, abgesehen vom Vorzeichen, dieselben Beziehungen.

18 Genauigkeit der trigonometrischen Höhenübertragung über große Entfernungen

Um den Einfluß der einzelnen Messungselemente auf das Ergebnis kennenzulernen, differenziert man 16 (4) und erhält

$$dh = \left(\cot z + \frac{1-k}{r}\,s\right) ds - \frac{s}{\sin^2 z}\,dz - \frac{s^2}{2r}\,dk + di - dt. \tag{1}$$

Hierin ist bei großen Entfernungen z so nahe an 100^g, daß $\cot z < 0{,}1$ und $\sin z \approx 1$ ist; ferner ist der Ausdruck $(1\text{-}k)\,s/r$ für die Zahlenrechnung ohne Bedeutung. Setzt man sodann wie in 15 (2) $ds = 0{,}0015\sqrt{s}$, so wird

$$dh = 0{,}1 \cdot 0{,}0015\sqrt{s} - \frac{s}{\varrho}\,dz - \frac{s^2}{2r}\,dk + di - dt; \tag{2}$$

d. h. der Einfluß von ds wächst mit $\sqrt{s}$, der von dz mit s und der von dk mit s^2. Der Einfluß von ds ist jedoch so gering, daß er vernachlässigt werden kann. Man erhält demnach, wenn man wie in 15 (2) zu mittleren Fehlern übergeht,

$$m_h^2 = \left(\frac{s}{\varrho}\right)^2 m_z^2 + \left(\frac{s^2}{2r}\right)^2 m_k^2 + m_i^2 + m_t^2. \tag{3}$$

Drückt man hierin m_h, m_i und m_t in mm, m_z in Neusekunden und s in km aus, so lautet der Ansatz mit abgerundeten Koeffizienten

$$m_h^2 = (2s)^2\, m_z^2 + (80s^2)^2\, m_k^2 + m_i^2 + m_t^2\,. \tag{4}$$

Um einen zahlenmäßigen Überblick zu gewinnen, nehme man an, es sei jede Zenitdistanz mit einem guten Skalamikroskoptheodolit viermal in jeder Lage beobachtet, so daß ausgehend von dem in 13.4 angegebenen mittl. Fehler einer einmaligen Messung $m_z = \pm\, 10^{cc}$ wird. Gemäß 16.1 werde $m_k = \pm\, 0{,}04$ gesetzt; weiter sei $m_i = \pm\, 10$ mm und, da die Tafel meistens ziemlich hoch ist, $m_t = \pm\, 20$ mm angenommen. Dann ergibt sich auf Grund von (4), wenn die Ergebnisse der Übersicht halber in cm ausgedrückt werden, folgende Tabelle:

s_{km}	Fehleranteil in cm aus: Zenit-dist.	Re-frak-tion	i und t	Mittlere Gesamtfehler in cm
2	± 4	± 1,3	±2,3	± 4,8
3	6	2,9	2,3	7,0
4	8	5,8	2,3	10,1
5	10	9,0	2,3	13,6
6	12	13,0	2,3	17,8
8	16	23,0	2,3	28,1
10	20	40,0	2,3	44,8

Wie die 2. und die 3. Spalte zeigen, übertrifft der aus der Zenitdistanzmessung herrührende Fehler bis zu etwa 5 km die Unsicherheiten, die die Refraktion bewirkt. Über 5 km nimmt deren Einfluß so schnell zu, daß das Messungsergebnis, auch wenn man nur mittlere Genauigkeit erstrebt, nicht mehr tragbar ist. Wenn andererseits, wie es im Hochgebirge der Fall ist, die Refraktionsunsicherheit viel geringer ist, als in der obigen Tabelle angenommen wurde, so lohnt es sich, auch z, i und t mit wesentlich höherer Genauigkeit zu bestimmen, um ein Ergebnis zu erzielen, das bei wesentlich geringerem Messungsaufwand an die Genauigkeit des Nivellements heranreicht*).

*) Brocks, K., Meteorologische Hilfsmittel für die geodätische Höhenmessung. Zeitschr. f. Verm.Wesen 1950, S. 71ff. Finsterwalder, R., Über Art und Genauigkeit trigonometrisch bestimmter Höhen. Zeitschr. f. Verm.Wesen 1951, S. 129ff.

2 Barometrische Höhenmessung

21 Physikalische Grundlagen

Der Luftdruck, der im Durchschnitt gleich dem Druck einer 760 mm hohen Quecksilbersäule ist, nimmt mit wachsender Meereshöhe ab. Die Druckabnahme je Längeneinheit ist indessen nicht konstant, sondern mit zunehmender Höhe verlangsamt sie sich, so daß einer Druckminderung um 1 mm Hg im Meeresniveau eine Höhenzunahme von rd. 10 m, auf 3000 m hohen Bergen dagegen von rd. 14 m entspricht. Der Luftdruck ist außerdem von der Lufttemperatur und in geringerem Umfang von der Luftfeuchtigkeit und von der geographischen Breite abhängig [27]. Er wird schließlich durch die meteorologischen Vorgänge im Luftmeer beeinflußt. Durch das Messen des Luftdrucks können infolgedessen keine absoluten Höhen bestimmt, sondern lediglich Höhenunterschiede ermittelt werden.

Man mißt den Luftdruck, indem man ihn mit einem Gegendruck vergleicht. Zum Erzeugen des Gegendrucks benutzen die Quecksilberbarometer den Druck einer Quecksilbersäule, die Federbarometer die Spannkraft einer mit einer luftleeren Dose verbundenen Blattfeder oder die einer elastischen Röhrenfeder, die Gaskammerbarometer ein unter bekannter Spannung stehendes abgeschlossenes Gas und die Siedebarometer die Spannkraft des Dampfes bei siedendem Wasser.

22 Die Quecksilber- oder Hg-Barometer

Man unterscheidet in konstruktiver Hinsicht Heberbarometer und Gefäßbarometer. Vgl. Bild 18 bis 20.

22.1 Das Heberbarometer besteht aus einem Glasrohr, das am oberen Ende zusammengeschmolzen und am unteren Ende U-förmig nach oben umgebogen und offen ist. Wird in das luftleer gemachte Rohr Hg eingefüllt, so wird das Hg durch den Druck der auf dem offenen Ende lastenden Luft in dem zugeschmolzenen Ast so weit nach oben gedrückt, bis der den unteren Hg-Spiegel überragende Teil der Hg-Säule dem Luftdruck die Waage hält. Als Maß für den Luftdruck benutzt man gewöhnlich die Länge l dieses Teils der Hg-Säule in mm und bezeichnet den Druck von 1 mm Hg als 1 Torr.

Zur Ermittlung von l wird am Barometer ein fester oder ein beweglicher Maßstab angebracht. Beim festen Maßstab erhält man

l als Differenz der Ablesungen an beiden Hg-Spiegeln; wenn der Maßstab dagegen auf und ab bewegt werden kann, stellt man seinen Nullstrich auf den unteren Hg-Spiegel ein und liest l am oberen Hg-Spiegel ab. Wird der gebogene Teil des Rohrs durch ein Gefäß mit beweglichem Boden ersetzt, so lassen beide Hg-Spiegel sich um den gleichen Betrag heben oder senken. Man kann l dann an verschiedenen Stellen des (festen) Maßstabs ermitteln und erhält dadurch nicht nur eine Kontrolle, sondern außerdem im arithmetischen Mittel aller Beobachtungen einen verfeinerten Wert von l. Dieser Typ wird als *Gefäßheberbarometer* bezeichnet.

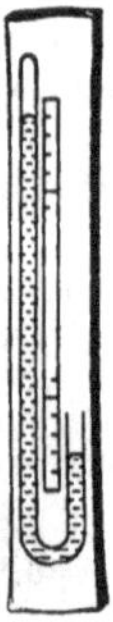

Bild 18. Heberbarometer.

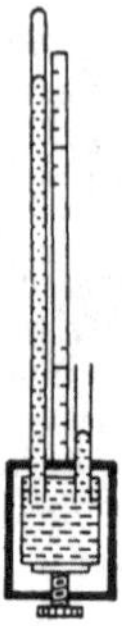

Bild 19. Gefäßheberbarometer.

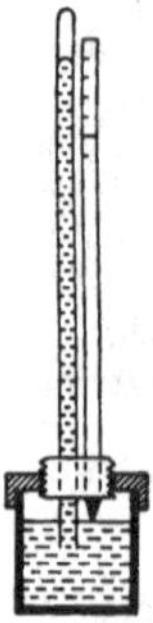

Bild 20. Gefäßbarometer.

22.2 Das Gefäßbarometer. Um das Hg vor Verunreinigung zu schützen, werden Barometer gebaut, bei denen ein senkrecht angeordnetes luftleeres Steigrohr in ein mit Hg gefülltes Gefäß hineinreicht, das mit einem Schraubdeckel verschlossen ist. Der Deckel ist mit einer feinen Durchbohrung versehen, durch die die Luft das im Gefäß befindliche Hg in dem Steigrohr nach oben drückt. l ist dann gleich der Differenz der Hg-Spiegel im Gefäß und im Steigrohr. Zur Messung von l gibt es verschiedene Möglichkeiten:

Beim Gefäßbarometer vom Typ *Fortin* ist das untere Ende des Maßstabes als feine Spitze ausgebildet. Zum Ablesen wird der untere Hg-Spiegel durch Heben oder Senken des Gefäßbodens an diese Spitze herangeführt und l allein am oberen Hg-Spiegel abgelesen.

Beim Gefäßbarometer vom Typ *Fueß* ist auf der Rohrwandung eine „reduzierte" Skala aufgetragen, die folgendermaßen entsteht: Bei einem bestimmten bekannten Luftdruck B_0 werde an der Skala auch B_0 abgelesen. Steigt der Luftdruck nun von B_0 auf B, so ist nach Bild 21 $B - B_0 = x + y$, und wenn man y mit Hilfe der Gleichgewichtsbedingung $xd^2 = y\,(D^2 - d^2)$ eliminiert, so ist

$$B - B_0 = x\left(1 + \frac{d^2}{D^2 - d^2}\right). \qquad (1)$$

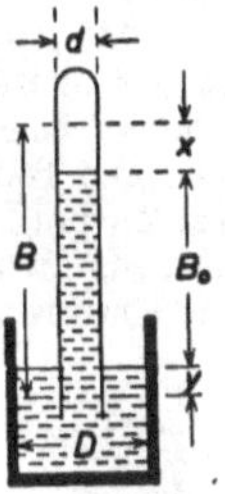

Bild 21.

Man erhält also $(B - B_0)$ allein aus der Ablesung am oberen Hg-Spiegel, wenn als Teilungseinheit der Klammerausdruck in (1) genommen wird. Mit $B_0 = 700$ Torr, $d = 10$ mm und $D = 50$ mm ist die Teilungseinheit $1 + 100 : (2500 - 100) = 1{,}042$ mm.

Barometer, an denen die Gefäßkorrektion rechnerisch anzubringen ist, werden heute nicht mehr gebaut.

22.3. Normalbarometer, Stationsbarometer und Reisebarometer. Die Firmen bezeichnen ihre Barometer nicht nach den Konstruktionsprinzipien, sondern nach dem Verwendungszweck.

Normalbarometer werden zur Eichung und zu Beobachtungen auf wichtigen Stationen verwendet. Sie müssen in sich vollkommen kontrollierbar sein. Diese Möglichkeit bietet allein das Gefäßheberbarometer [22.1]. Als Beispiel sei das Normalbarometer $2k$ von Fueß genannt, dessen Ablesegenauigkeit nach Angabe der Firma $\pm$ 0,02 Torr beträgt. Gibt dieses Barometer bei unterschiedlichen Hg-Ständen im Gefäß übereinstimmende Werte von l, so ist es einwandfrei. Andernfalls muß es (zum Entfernen von eingedrungener Luft, zum Reinigen des Hg, zum Säubern der Ablesestellen u. dgl.) zur Herstellerfirma gegeben werden.

Stationsbarometer werden bei der Höhenmessung an einem in der Mitte des Meßgebietes liegenden Ort als Standbarometer zur Erfassung der durch die meteorologischen Verhältnisse bedingten Änderungen des Luftdrucks eingesetzt. Dazu eignen sich am besten die Gefäßbarometer. Die in 22.2 genannten Typen von Fortin und Fueß können auf $\pm$ 0,1 Torr abgelesen werden.

Reisebarometer sind besonders gegen das Eindringen von Luft und das Auslaufen von Hg gesichert. Sie werden indessen kaum noch benutzt, weil für Messungen im Gelände die Federbarometer [24] vorzuziehen sind.

Vor dem Gebrauch eines Hg-Barometers prüfe man, ob in dem zugeschmolzenen Ast der Raum über dem Hg luftleer ist. Dazu wird das Instrument vorsichtig so weit geneigt, bis die Hg-Säule an der oberen Abschlußwandung anschlägt. Entsteht dabei ein scharfer heller Ton, so ist keine Luft im Rohr. Hört man einen dumpfen Ton, so ist Luft eingedrungen, die vor Gebrauch entfernt werden muß. Bei der Messung muß die Hg-Säule vertikal gestellt werden; vielfach ist dazu an den Barometern eine einfache Lotvorrichtung angebracht.

23 Die Verbesserung der Rohablesungen am Hg-Barometer

23.1 Die Temperaturverbesserung. Sowohl das Hg wie der Maßstab sind temperaturabhängig. Man reduziert die Rohablesungen daher auf $t = 0° C$. Ist B die Ablesung am Barometer, B_0 die auf $t = 0°$ reduzierte Ablesung, q der Ausdehnungskoeffizient des Hg und m der des Maßstabes, so ist bei Vernachlässigung von Gliedern höherer Ordnung

$$B_0 = B\,(1 - qt + mt)$$

und genau genug

$$B_0 - B = v(t) = -B\,(q - m)\,t. \tag{1}$$

Hierin ist $q = 0{,}000182$ und, wenn der Maßstab aus Messing ist, so ist $m = 0{,}000019$, also $q - m = 0{,}000163 = 1 : 6140$. Damit läßt (1) sich umschreiben in

$$v(t) = -\frac{B}{614}\cdot\frac{t}{10}. \tag{2}$$

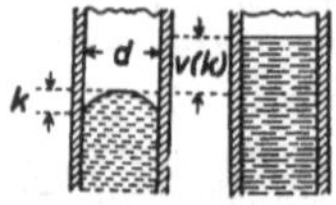

Bild 22.

23.2 Die Kapillardepression. Infolge von Adhäsionswirkungen wird der Quecksilberspiegel in engen Röhren etwas gedrückt; ferner nimmt seine Oberfläche die Form einer flachen Kuppe (Meniskus) mit der Randsenkung k an. Der Betrag $v\,(k)$, um den der Kuppenscheitel zu tief steht, heißt die Kapillardepression. Sie ist abhängig von der Kuppenhöhe k und dem Rohrdurchmesser d und läßt sich, da sie bei Rohren von über 20 mm ∅ nicht mehr auftritt, durch Vergleich mit einem Hg-Barometer von 20 mm ∅ empirisch bestimmen und vertafeln

(Bild 23). Zur Ermittlung von $v(k)$ bestimmt man die Kuppenhöhe am Maßstab und geht mit der Kuppenhöhe und dem Rohrdurchmesser in das Diagramm ein.

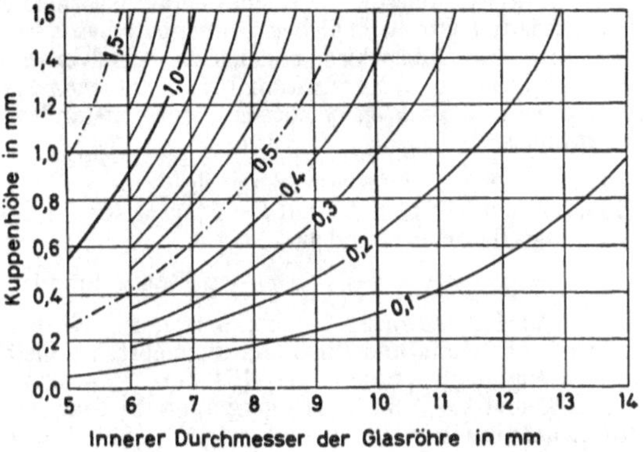

Bild 23. Ermittlung der Kapillardepression.

23.3 Die Schwerereduktion. Das Gewicht eines Körpers ist das Produkt aus seiner Masse m und der Schwerebeschleunigung g. Der Wert von g aber ist abhängig von der geographischen Breite φ und der Meereshöhe H. Man reduziert die Beobachtungen daher mit Hilfe der Formel

$$g = g_0^{45}\left(1 - \beta \cos 2\varphi - \frac{2H}{r}\right), \tag{3}$$

in der β ein von der Schwerkraft abhängiger Koeffizient ist, auf den Meeresspiegel in 45° Breite. Ausgehend von der Gleichgewichtsbedingung

$$B\,g = B_0^{45}\,g_0^{45}$$

ist $$B_0^{45} = B\left(1 - \beta \cos 2\varphi - \frac{2H}{r}\right), \tag{4}$$

$$B_0^{45} - B = -B \cdot \beta \cdot \cos 2\varphi - \frac{2HB}{r} = v(\varphi) + v(H) \tag{5}$$

oder $v(\varphi) = -0{,}00264 \cos 2\,\varphi \cdot B,$ (6)

$v(H) = -0{,}0000003\,H \cdot B.$ (7)

23.4 Die Standverbesserung. Vergleicht man die mit $v(t)$ und $v(k)$ verbesserte Ablesung an einem Gebrauchsbarometer mit einem am gleichen Ort befindlichen Normalbarometer, so zeigt sich ein konstanter Unterschied, nämlich die Standverbesserung des Gebrauchsbarometers. Man bestimmt sie, indem man aus Vergleichungen bei möglichst verschiedenen Barometerständen einen Mittelwert bildet.

Bezeichnet man die Rohablesung am Hg-Barometer vorübergehend mit Q, so erhält man den auf $t = 0°$, $\varphi = 45°$ und Meereshöhe bezogenen Barometerstand aus

$$B_0 = Q + v(t) + v(k) + v(\varphi) + v(H) + v\,(\text{Stand}). \quad (8)$$

Zahlenbeispiel: An einem Gefäßbarometer mit einem Rohrdurchmesser von 10 mm und einem Messingmaßstab erhielt man als Rohablesung am Kuppenscheitel 710,0 Torr. Man maß ferner $t = +\,14{,}1°$C und $k = 1{,}3$ mm. Die geographische Breite des Beobachtungsortes war $\varphi = 48°\,40'$ und seine NN-Höhe $H = 660$ m. Die Standverbesserung war zu $-0{,}20$ Torr ermittelt. Damit ergab sich

$$v(t) = -(710 : 614) \cdot 1{,}41 = -1{,}61 \text{ Torr},$$
$$v(k) \text{ (aus Bild 23)} = +\,0{,}38 \text{ Torr},$$
$$v(\varphi) = -0{,}00264 \cdot \cos 97°\,20' \cdot 710 = +\,0{,}24 \text{ Torr},$$
$$v(H) = -0{,}0000003 \cdot 660 \cdot 710 = -0{,}14 \text{ Torr},$$
$$B_0 = 710{,}0 - 1{,}61 + 0{,}38 + 0{,}24 - 0{,}14 - 0{,}20 = 708{,}7 \text{ Torr}.$$

24 Die Federbarometer

Die Federbarometer werden im Gegensatz zu den Hg- bzw. Flüssigkeitsbarometern auch als Trockenbarometer (Aneroide) bezeichnet. Wegen dieser Eigenschaft sind sie besonders für die Feldarbeiten geeignet.

24.1 Barometer mit Membrandose.

24.11 *Die Membrandose* ist eine von dem Franzosen L. Vidi angegebene luftleere Kapsel, die als Deckel eine dünne gewellte Membran besitzt. Diese wird durch eine starke Feder, deren Spannkraft etwa dem Luftdruck entspricht, vor dem Zusammendrücken bewahrt. Innerhalb des Meßbereichs hebt und senkt die Membran sich proportional den Änderungen des Luftdrucks um etwa 0,01 mm je 1 Torr. Da man den Luftdruck auf mindestens 0,1 Torr gebraucht, müssen also die Bewegungen auf mindestens 0,001 mm genau gemessen werden. Um diesen Betrag an einer Skala ablesen zu können, wird er entweder mechanisch oder optisch vergrößert oder mikrometrisch gemessen, oder es findet eine Kombination dieser Möglichkeiten statt.

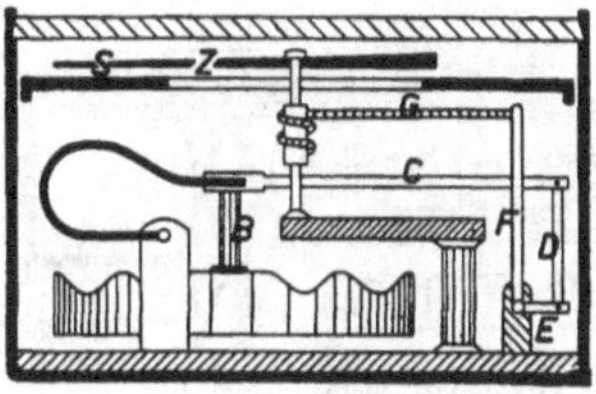

Bild 24. Naudetbarometer.

24.12 *Das Barometer von Naudet* überträgt die Bewegungen der Membran mit Hilfe der Hebelverbindung *BCDEF* und des Gliederkettchens *G* auf den Zeiger *Z*, der sich über der Skala *S* bewegt. Die Teilungseinheit ist 1 Torr, geschätzt wird auf 0,1 Torr. Im Gehäuse ist ein Innenthermometer angebracht, damit die durch die Metallteile des Barometers verursachten Temperatureinflüsse eliminiert werden können [25.2]. Bei den sogenannten *Kompensationsbarometern* wird zur Minderung der Temperaturempfindlichkeit im Innern der Dose ein Luftrest (50 bis 100 Torr) belassen, oder es wird der mit der Spannfeder auf- und niedergehende Hebelarm aus zwei verschiedenen Metallen so zusammengesetzt, daß der Hebelarm sich bei steigender Temperatur in einer dem Luftdruck entgegenwirkenden Richtung krümmt.

24.13 *Die Barometer der Thommen-Uhrenfabrik* in Waldenburg (Schweiz) haben als Meßelemente mehrere Dosen aus Kupfer-Beryllium und einen fabrikeigenen Übertragungsmechanismus, bei dem die Achsen der beweglichen Teile in Edelsteinen gelagert sind. Der speziell für geodätische Messungen bestimmte Typ 3 B 4 hat einen Meßbereich von —500 bis + 2500 m. Er gibt an Stelle der Druckdifferenzen Höhenunterschiede an. Der Abstand der Teilstriche beträgt überall 0,8 mm und entspricht einem Höhenunterschied von 2 m; Ablesemöglichkeit auf 0,5 m. Höhenempfindlichkeit, gute Temperaturkompensation und parallaxenfreie Ablesungen erlauben zuverlässige Messungen auch bei größeren Höhenunterschieden*).

24.14 *Das Barometer von Paulin*, eine schwedische Konstruktion, hat ebenfalls eine rein mechanische Übertragungseinrichtung. Auf- und Abbewegungen der Membran setzen einen Hebel *a* in Bewegung, der durch eine Blattfeder und eine Spiralfeder b_1 gehalten wird. Die linearen Bewegungen des Hebels werden durch

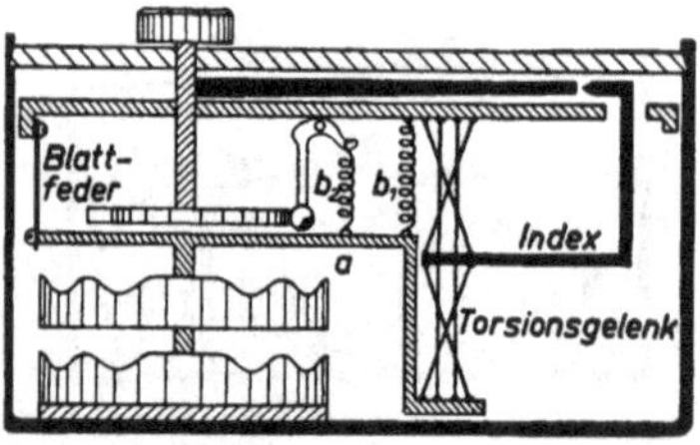

Bild 25. Paulinbarometer.

ein Torsionsgelenk mit Federbändern in Drehbewegungen umgewandelt. Diese werden aber nicht direkt an einer Skala abgelesen, sondern es wird durch Drehen an einer Schraubentrommel auf eine am Hebel *a* angreifende zweite Spiralfeder b_2 so lange eingewirkt, bis die durch einen Index markierte Normalspannung wiederhergestellt ist (Nullanzeige). Die Bewegungen der Meßschraube können an einem Ziffernblatt, das in 0,2 Torr eingeteilt ist, auf 0,02 Torr geschätzt werden. Die Firma liefert auch Zifferblätter, die Meter hergeben.

Das Paulin-Barometer ist überaus neigungsempfindlich; bei feinen Messungen lege man es daher auf ein Stativ und horizontiere es mit einer Dosenlibelle.

24.15 *Membranbarometer mit mikrometrischer oder optischer Anzeigevorrichtung* werden in zahlreichen Formen hergestellt. Bei dem heute nicht mehr gebauten Barometer von Goldschmidt wurden die Bewegungen der Membran durch einen Hebel vergrößert und mikrometrisch gemessen; bei dem ebenfalls veralteten Typ von Reitz-Deutschbein wurden sie in einem Mikroskop abgelesen. Das für Druckmessungen in Bergwerken bestimmte Baro-

*) Grutzwiller und Kägi, Über einige Prüfungen des geodätischen Höhenmessers Thommen. 38 – 1. Schweiz. Zeitschr. f. Vermessung, Kulturtechnik und Photogrammetrie 1959 S. 336.

lux der Firma Fueß überträgt die Bewegungen der Membran auf einen Spiegel, der eine Einfadenlampe auf einer Skala abbildet. Dieses auch für selbststätige Registrierungen geeignete Prinzip dürfte noch entwicklungsfähig sein.

24.2 Barometer mit Röhrenfeder. Wird ein luftleeres federndes Rohr von elliptischem Querschnitt, das ringförmig gebogen ist (Bourdonfeder, Bild 26), wachsendem Luftdruck ausgesetzt, so werden die beiden Enden, da die Außenseite des Ringes wegen ihrer größeren Oberfläche stärker belastet wird als die innere, sich aufeinander zu bewegen. Diese Bewegung überträgt sich auf einen Zeiger und kann dann als Druckänderung an einer Skala abgelesen werden.

Bild 26. Bourdonfeder.

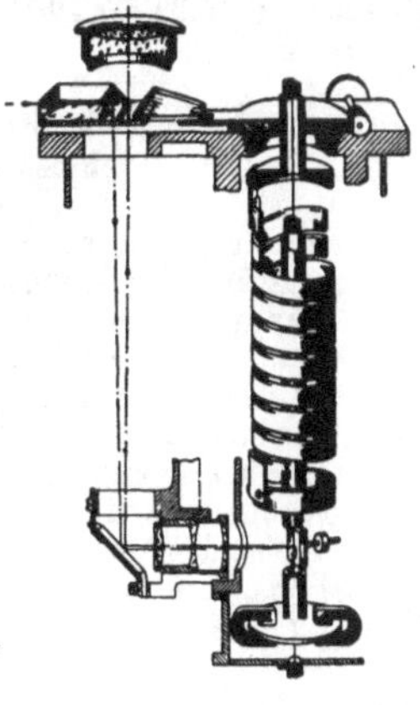

Bild 27. Askania-Mikrobarometer.

Das *Mikrobarometer der Firma Askania* (Bild 27) besitzt eine Röhrenfeder aus Kupfer-Beryllium von 0,1 mm Wandstärke, welche, um einen möglichst großen Ausschlag zu erzeugen, 9 wendelförmig übereinanderliegende Windungen hat. Das freie Ende trägt einen Spiegel mit 4 Indexstrichen, die über ein Autokollimationssystem an einer festen Skala abgelesen werden können. Dadurch, daß die Feder gegen das Gehäuse verdreht werden kann, hat man 15 Meßbereiche je 40 Torr, also einen Gesamtumfang von 600 Torr. Die Skaleneinheit ist 0,1 Torr, so daß 0,01 Torr geschätzt werden können. Bei einem Gewicht von nur 3 kg ist das Mikrobarometer auch für den Feldgebrauch gut geeignet. Vgl. 25.3, 28.4 und 29.

24.3 Barometer mit Gasfeder. Als elastische Gegenkraft gegen den Luftdruck kann auch ein unter bekannter Spannung stehendes Gas benutzt werden. Eine Gasfeder kennt weder Reibungsverluste noch elastische Nachwirkungen. Eine Temperaturänderung von nur 0,0037° C bewirkt jedoch eine Druckänderung von 0,01 Torr, so daß das Gas in der Kammer auf etwa 0,001° C konstant gehalten werden muß. Ein solches Gerät ist in den USA von Strichling, Broding und Wilhelm gebaut worden. Darin ist die Außenluft mit der Gaskammer durch eine Kapillare verbunden, in deren Mitte ein Öltropfen sich bei steigendem Außendruck auf die Kammer zu, bei abnehmendem von ihr fort bewegt. Als Meßgenauigkeit wird $\pm$ 0,03 Torr angegeben.

25 Die Verbesserung der Rohablesungen an den Federbarometern

25.1 Die Reduktionsformel. An den Rohablesungen müssen die Temperaturverbesserung $v(t)$, die Teilungsverbesserung v (T) und die Standverbesserung angebracht werden. $v(t)$ kann, da nur ein verhältnismäßig enger Bereich in Betracht gezogen wird, als linear angesehen werden, so daß lediglich der Temperaturkoeffizient a bestimmt zu werden braucht. Auch $v(T)$ berücksichtigt man durch einen linearen Koeffizienten b, der angibt, ob die Teilung zu eng oder zu weit ist. Die Standverbesserung oder der Nullpunktfehler c, den man für den Skalenstrich 760 zu ermitteln pflegt, ist eine Konstante. Also ist der auf $t = 0°$ reduzierte Barometerstand, wenn F die Rohablesung am Federbarometer ist,

$$B_0 = F + at + b(760 - F) + c. \tag{1}$$

Zur Bestimmung von a, b und c vergleicht man die Rohablesung F mit den auf $t = 0°$ bezogenen Ablesungen B_0 an einem geprüften Hg-Barometer, und zwar bei verschiedenen Luftdrücken und bei verschiedenen Temperaturen. Zweckmäßig bestimmt man zuerst a allein und dann b und c gemeinsam.

25.2 Der Temperaturkoeffizient. Man setzt das Federbarometer und ein geprüftes Hg-Barometer bei gleichbleibender Meereshöhe entweder in einer Klimakammer sehr unterschiedlichen Temperaturen aus oder beobachtet die Geräte während der kalten Jahreszeit zunächst im Freien und dann in einem langsam wärmer werdenden Zimmer. Die Hg-Ablesungen Q reduziert man auf $t = 0°$, berechnet die Differenzen $(Q_0 - F)$, trägt in einem rechtwinkligen Koordinatensystem die Innentemperatur t als Abszissen, die $(Q_0 - F)$ als Ordinaten auf und zeichnet eine ausgleichende Gerade. Dann ist der Temperaturkoeffizient a gleich dem Steigungsmaß der Geraden. Bei einem guten Federbarometer soll $a < 0{,}15$ sein.

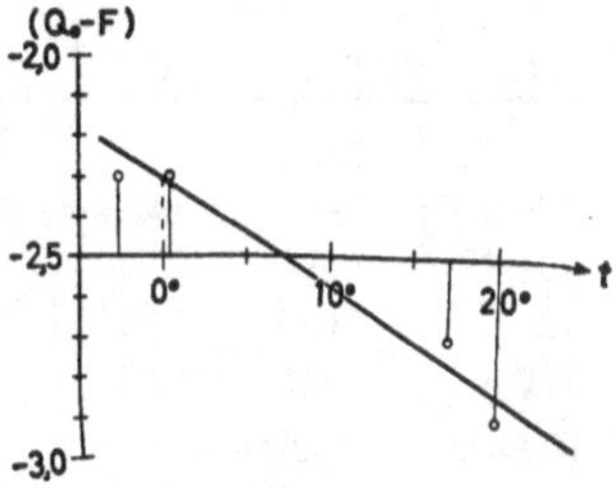

Bild 28.

Zahlenbeispiel: Temperaturkoeffizient eines einfachen Federbarometers.

Q_0	F	$Q_0 - F$	t
Torr	Torr	Torr	C°
750,5	752,8	—2,3	— 2,7
751,3	753,6	—2,3	+ 0,3
750,1	752,8	—2,7	+17,1
750,8	753,7	—2,9	+20,0

Man entnimmt dem Diagramm bei $t = 0°$ und $t = 20°$ die Ordinaten $-2{,}32$ und $-2{,}84$. Also ist $a = (-2{,}84 + 2{,}32) : 20 = -0{,}026$.

25.3 Teilungskoeffizient und Standverbesserung findet man, indem man bei möglichst unterschiedlichen Luftdrücken die auf 0° C reduzierten Ablesungen F_0 am Federbarometer mit den ebenfalls auf 0° umgerechneten Ablesungen Q_0 am Hg-Barometer vergleicht. Die verschiedenen Luftdrücke erhält man entweder durch Beobachtungen über einen langen Zeitabschnitt oder auf einer Bergwanderung oder in einer sehr weich arbeitenden Druckkammer (Barometerprüfgerät). Zur Auswertung trägt man die $(760 - F_0)$ als Abszissen und die $(B_0 - F_0)$ als Ordinaten auf und zieht eine ausgleichende Gerade (Bild 29).

Zahlenbeispiel: Beobachtet wurden die in 25.2 benutzten Instrumente in einem Barometerprüfgerät.

B_0	F	t	$F_0 = F + at$	$B_0 - F_0$	$760 - F_0$
Torr	Torr	°C	Torr	Torr	Torr
746,3	751,2	21,1	750,7	—4,4	— 9,3
739,9	744,6	21,1	744,1	—4,2	—15,9
731,3	736,0	21,1	735,5	—4,2	—24,5
726,6	731,0	21,1	730,5	—3,9	—29,5
712,3	716,5	21,1	716,0	—3,7	—44,0

Dem Diagramm entnimmt man als Steigungsmaß der Geraden und damit als Teilungskoeffizienten $b = (-4{,}55 + 3{,}55) : 50 = -0{,}020$. Die Standverbesserung, d. h. die Korrektion für den Barometerstand 760 ist $c = -4{,}55$ Torr.

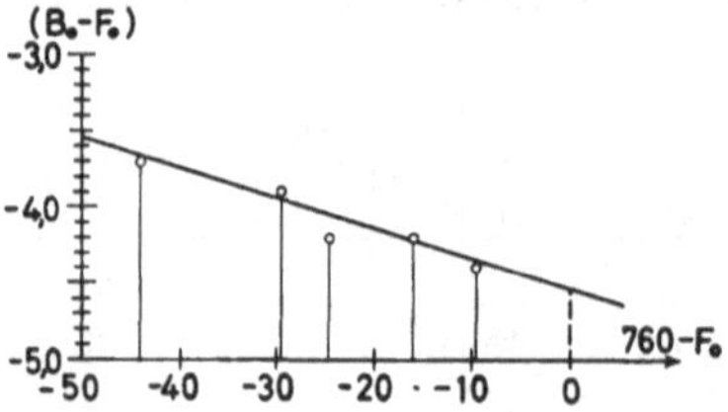

Bild 29.

Mithin gewinnt man mit dem untersuchten Federbarometer den auf 0° reduzierten Luftdruck B_0 in Torr aus der Gleichung

$$B_0 = F - 0{,}026t - 0{,}020\,(760 - F_0) - 4{,}55,$$

wobei $F_0 = F - 0{,}026t$ ist. Diese Gleichung gilt für Temperaturen von 0° bis 20° und für Luftdrücke von 700 bis 760 Torr.

Für das Askania-Mikrobarometer [24.2] gibt die Herstellerfirma die Gleichung

$$B_0 = p_i + AC + a\,(T - 293).$$

Darin ist p_i der absolute Druck für den Meßbereich i, A die Ablesung an der Skala, C der Skalenwert für 20° C, a der Temperaturkoeffizient und T die Temperatur in °Kelvin $= t°\,\mathrm{C} + 273$. p_i, C und a werden für jeden Meßbereich durch Eichung bestimmt.

25.4 Elastische Nachwirkungen. Die Verformung eines von einer elastischen Feder gehaltenen Meßorgans dürfte im Idealfall nur von der Belastung abhängen. Tatsächlich sind aber insbesondere bei den einfacheren Federbarometern elastische und bleibende Nachwirkungen zu beobachten, die bei Änderung der Belastung als Nachdehnung und Nachkrümmung in Erscheinung treten (Hysterese). Bei Röhrenfedern, die aus einem homogenen Metallstück gefertigt werden, sind die Nachwirkungen nur geringfügig. Alle Federn zeigen Alterungserscheinungen, die erst nach längerem Gebrauch abklingen. Die einmal bestimmten Konstanten *a*, *b* und *c* gelten daher nur für beschränkte Zeit und müssen in der Regel alljährlich neu bestimmt werden.

26 Das Siedebarometer oder Hypsometer

Der Luftdruck kann auch aus der Siedetemperatur des Wassers abgeleitet werden. Da aber eine Siededifferenz von 0,1° C bereits einem Druckunterschied von 2,7 Torr entspricht, muß man, um den Barometerstand auf 0,3 Torr zu erhalten, die Siedetemperatur auf 0,01° C bestimmen. Dazu bedarf es eines Präzisionsthermometers mit einer besonderen feinen Kapillare aus Borosilikatglas, in der der Hg-Faden nicht klebt. Die Skalen werden in 0,1° C oder 2 Torr unterteilt. Den Nullpunkt bestimmt man durch Vergleich mit einem Hg-Barometer. Weitere Korrekturen sind nicht erforderlich.

Bild 30 zeigt den Aufbau des Hypsometers. Das Thermometer darf nicht vom Wasser, sondern nur von heißem Dampf umspült werden; es soll nicht mehr als 0,5 cm aus dem Dampfmantel herausragen. Die Flamme soll, um eine Überhitzung des Dampfes zu vermeiden, nicht zu groß sein. Ist das Thermometer zur Ruhe gekommen, so wartet man einige Minuten und macht dann mit einer Lupe 5—10 Ablesungen, die man mittelt. Nach jedem Siedevorgang ist das Thermometer, um die Kapillare von etwa überdestilliertem Hg zu reinigen, kräftig hin- und herzuschwenken. Die Hypsometer haben sich als sehr beständig erwiesen, so daß sie besonders von Forschungsreisenden gern benutzt werden.

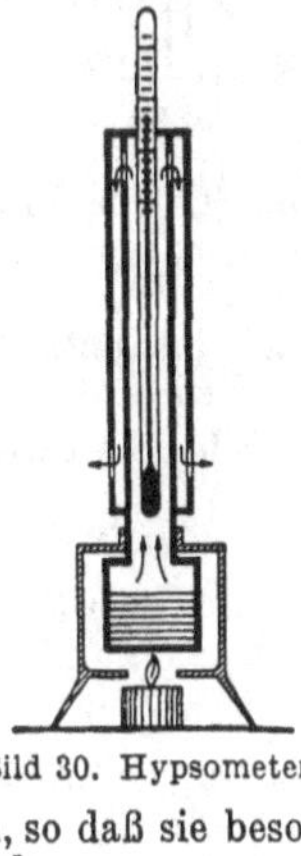

Bild 30. Hypsometer.

27 Berechnung barometrischer Höhenunterschiede

27.1 Die vollständige Barometerformel von W. Jordan. In einem senkrecht zur Meeresoberfläche gedachten Luftzylinder vom Querschnitt 1 sei der Luftdruck in der Höhe H gleich p und in der Höhe $H + \mathrm{d}H$ gleich $p - \mathrm{d}p$. Dann besteht für das differentielle Stück der Luftsäule, da sein Gewicht gleich der Masse mal der Schwerebeschleunigung g und die Masse gleich der Dichte ϱ mal dem Volumen ist, die Gleichgewichtsbedingung

$$\mathrm{d}p = -\varrho\, g\, \mathrm{d}H. \tag{1}$$

Nach den Gesetzen von Boyle und Gay-Lussac besteht, wenn ϱ_0 und p_0 die Dichte und der Druck eines Gases in einem bei 0° C angenommenen Anfangszustand, ϱ und p die entsprechenden Werte in dem unter t^0 bestehenden Endzustand sind und α den Ausdehnungskoeffizienten der Luft bedeutet, die Beziehung

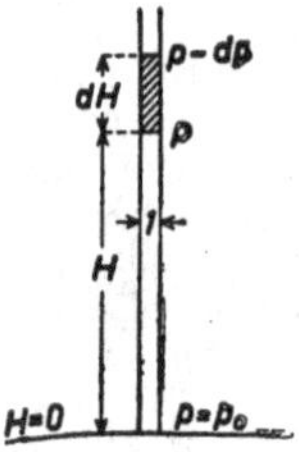

Bild 31.

$$\frac{\varrho}{\varrho_0} = \frac{p}{p_0} \cdot \frac{1}{1 + \alpha t}. \tag{2}$$

Setzt man das in (1) ein und ordnet neu, so wird

$$\frac{\mathrm{d}p}{p} = -\frac{\varrho_0}{p_0} \cdot \frac{g}{1 + \alpha t}\, \mathrm{d}H,$$

und man findet durch beiderseitige Integration, wenn g und t einstweilen als Konstante betrachtet werden,

$$\ln p = -\frac{\varrho_0}{p_0} \cdot \frac{g}{1 + \alpha t} H + C, \tag{3}$$

wobei C eine Integrationskonstante ist. Um sie zu eliminieren, messe man den Druck mit einem Barometer auf zwei Stationen, nämlich

auf einer unteren Station mit $H = H_1$ zu $p = B_1$
und einer oberen Station mit $H = H_2$ zu $p = B_2$

und bilde die Differenz untere minus obere Station:

$$\ln B_1 - \ln B_2 = \frac{\varrho_0}{p_0} \cdot \frac{g}{1 + \alpha t} (H_2 - H_1),$$

woraus wegen $\mathrm{Mod}(\ln B_1 - \ln B_2) = \lg B_1/B_2$ folgt

$$H_2 - H_1 = h = \frac{p_0}{\mathrm{Mod}\, \varrho_0} \cdot \frac{1 + \alpha t}{g} \lg \frac{B_1}{B_2}. \tag{4}$$

Das ist die Grundgleichung der barometrischen Höhenmessung. Da hierin B_1 und B_2 als Quotient auftreten, ist es gleichgültig, in welcher Maßeinheit sie ausgedrückt werden.

Es ist noch zu berücksichtigen, daß t und g veränderlich sind und die Dichte durch den Wasserdampf- und Kohlensäuregehalt der Luft beeinflußt wird. Dazu setzt man in (4)

$$t = 1/2\,(t_1 + t_2); \quad H = 1/2\,(H_1 + H_2),$$

$$\frac{1}{g} = \frac{1}{g_0^{45}}\,(1 + \beta \cos 2\,\varphi)\left(1 + \frac{2H}{r}\right),$$

$$p_0 = g_0^{45} \cdot 0{,}760 \cdot 13{,}5951 \quad (13{,}5951 = \text{Dichte von } Hg)$$

und ersetzt $\frac{1}{\varrho_0}$ durch $\frac{1}{\varrho_0}\left(1 + 0{,}377\,\frac{e}{p}\right)\frac{1}{1{,}0002}$, wobei

$$\frac{e}{p} = \frac{\text{Dunstdruck des Wassergehalts der Luft}}{\text{Mittlerer Luftdruck}} \text{ ist.}$$

Faßt man die bekannten Zahlenkoeffizienten zusammen zu

$$\frac{p_0}{\text{Mod}\,\varrho_0\,g_0^{45}} = \frac{g_0^{45} \cdot 0{,}760 \cdot 13{,}5951}{0{,}434295 \cdot 0{,}001293 \cdot 1{,}0002 \cdot g_0^{45}} \approx 18400,$$

so lautet Jordans vollständige Barometerformel

$$h = 18400 \lg \frac{B_1}{B_2}\,(1 + \alpha t)\left(1 + 0{,}377\,\frac{e}{p}\right)(1 + \beta \cos 2\,\varphi)\left(1 + \frac{2H}{r}\right)$$

mit $\alpha = 0{,}0037$; $\beta = 0{,}00264$; $r = 6370000$ m. (5)

27.2 Jordans Formeln und Tafeln für Mitteleuropa. Der Dunstdruck hat in Mitteleuropa den Durchschnittswert 7—8 Torr. Da p im Mittel rd. 750 Torr beträgt, darf man genau genug $e/p = 1/100$ setzen. Benutzt man in (5) ferner die Mittelwerte $\varphi = 50°$ und $H = 500$ m, so erhält man für den mitteleuropäischen Raum die Formel

$$h = 18464\,(1 + 0{,}0037\,t)\,(\lg B_1 - \lg B_2). \qquad (6)$$

Eine hiernach berechnete Tafel müßte als Eingänge B_1, B_2 und t haben. Da das nicht möglich ist, benutzt man folgende Wege:

27.21 *Tafel der fingierten Meereshöhen.* Man bezieht die Höhe H_i jeder einzelnen Station auf den dem mittleren Niveau der europäischen Meere entsprechenden Druck von 762 Torr. Für die damit definierte fingierte Meereshöhe (H_i) gilt nach (6)

$$(H_i) = 18464\,(1 + 0{,}0037\,t)\,(\lg 762 - \lg B_i). \qquad (7)$$

Diese Gleichung hat W. Jordan für Luftdrücke von 630 bis 775 Torr und Temperaturen von 0 bis 35° C vertafelt. Man entnimmt daraus (H_1) und (H_2) und erhält h aus

$$h = (H_2) - (H_1). \qquad (8)$$

Zahlenbeispiel:

	Messung t	B	t_m	Rechnung (aus Tafel)
Obere Station	$t_2 = 9°$	$B_2 = 679{,}4$ Torr	11°	$(H_2) = 957{,}1$ m
Untere Station	$t_1 = 13°$	$B_1 = 714{,}6$ „		$(H_1) = 535{,}8$ m
				$h = 421{,}3$ m

27.22 *Barometrische Höhenstufen.* Zwischen den Höhenunterschieden und den Druckdifferenzen besteht nach (7) im Differentiellen die Beziehung

$$\mathrm{d}H = -18464\,(1 + \alpha\, t)\,\frac{\mathrm{Mod}}{B}\,\mathrm{d}B.$$

Ersetzt man die Differentiale durch kleine endliche Größen, so erhält man

$$\Delta H = h = -\frac{8019}{B}(1 + 0{,}0037\,\mathrm{t})\,\Delta B. \tag{9}$$

Der Koeffizient von ΔB, der nichts anderes ist als die in Jordans Tafel gegebene „Differenz 1 mm", ist die für den (mittleren) Barometerstand B geltende *barometrische Höhenstufe.* Einige Hauptwerte sind:

t \ B	760	740	720	700	680	660	640	620 Torr
—10°	10,16	10,43	10,72	11,04	11,37	11,71	12,07	12,47
0	10,55	10,84	11,14	11,46	11,79	12,15	12,53	12,93
+10	10,94	11,23	11,55	11,88	12,23	12,60	12,99	13,41
+20	11,32	11,63	11,95	12,30	12,66	13,04	13,45	13,88
+30	11,71	12,03	12,36	12,72	13,09	13,49	13,91	14,36

Zahlenbeispiel: Mit den Daten aus 27.21 bilde man $B_m = 1/2\,(B_1 + B_2) = 697{,}0$ Torr und $t_m = 11{,}0°$ und findet in der Tafel die Höhenstufe 11,97. Mit $\Delta B = B_2 - B_1 = 35{,}2$ Torr wird dann $h = 11{,}97 \cdot 35{,}2 = 421{,}3$ m.

27.3 Der Übergang von Torr auf Millibar (mbar). Die 9. Generalkonferenz für Maß und Gewicht hat am 19. 10. 1948 als physikalische Normalatmosphäre den Druck festgelegt, den eine Quecksilbersäule von 76 cm Höhe bei einer Dichte des Hg von 13,5951 g/cm² und dem Mittelwert 980,665 cm/s² der Fallbeschleunigung darstellt; ihr 760. Teil heißt ein Torr. Im CGS-System ist der Druck eine Kraft je Flächeneinheit, die in dyn/cm² (1 dyn = 1 cm g/s²) gemessen wird. Infolgedessen besteht die Gleichung

$$760\ \mathrm{Torr} = 76 \cdot 13{,}5951 \cdot 980{,}665 = 1013250\ \mathrm{dyn/cm^2}.$$

Mit 10^6 dyn/cm^2 = 1 bar = 1000 mbar ist daher 1 Torr = 1,33322 mbar, 1 mbar = 0,75006 Torr und genähert 750 Torr ≈ 1000 mbar.*)

Im amtlichen Wetterdienst ist das Millibar bereits im Jahre 1939 eingeführt. Es bestehen keine prinzipiellen Bedenken dagegen, es auch bei der Höhenmessung zu benutzen. Nur sind die Teilungen der vorhandenen Instrumente und vor allem die Tafeln z. Z. noch überwiegend auf Torr abgestellt, so daß das Torr aus praktischen Gründen noch länger im Gebrauch bleiben wird.

28 Barometrische Meßverfahren

28.1 Allgemeines. Die barometrische Höhenformel gilt unter der Voraussetzung, daß der Luftdruck am oberen und unteren Ende der Luftsäule gleichzeitig gemessen wird und die Temperatur von unten nach oben gleichmäßig abnimmt. Keine dieser Voraussetzungen wird streng erfüllt. Man muß die Messung daher so anlegen, daß die meteorologischen Einflüsse entweder durch Anschluß an feste Punkte umgangen oder auf Grund von Beobachtungen an einem ortsfesten Standbarometer in Rechnung gestellt werden können.

Als Standbarometer dienen Hg-Gefäßbarometer oder sehr gute Federbarometer. Zur Einmessung der Geländepunkte werden vorwiegend einfache Federbarometer benutzt. Auf jedem Neupunkt verweile man einige Minuten, damit das Gerät den Luftdruck aufnehmen kann. Abgelesen werden der Luftdruck, die Innentemperatur des Barometers, die Temperatur der Luft und die Beobachtungszeit. Den Weg wählt man möglichst so, daß der Luftdruck gleichmäßig steigt oder fällt. Umkehrpunkte, d. h. Übergang vom Steigen zum Fallen und umgekehrt, vermeide man. Lassen sich Umkehrpunkte nicht umgehen, verweile man auf ihnen vor der Ablesung mindestens 15 Minuten.

28.2 Punkteinschaltung mit *einem* Barometer. Zur Bestimmung von Punkten, die ihrer Höhe nach zwischen zwei — höchstens eine Wegstunde voneinander entfernten — Festpunkten A und E liegen, geht man von A über die Neupunkte 1, 2, 3 ... nach E und liest an Fest- und Neupunkten den Barometerstand ab. Auf die Lufttemperatur kann, wenn nicht mit sprunghaften Temperaturänderungen zu rechnen ist, verzichtet werden.

Man berechnet die Höhen, indem man sie den Barometerablesungen entsprechend zwischen A und E interpoliert. Dazu bildet man die empirische Höhenstufe

*) Vgl. Kohlrausch, F., Praktische Physik I 30. Aufl. Ziff. 4.212.

$$\Delta H = \frac{H_E - H_A}{B_A - B_E} \tag{1}$$

und gewinnt die Höhenunterschiede $h_{i,k}$ aus

$$h_{i,k} = \Delta H \cdot \Delta B_{i,k}. \tag{2}$$

Wünscht man etwaige Temperatur- und Barometergänge auszuschalten, so bestimmt man jeden Höhenunterschied dreimal (Stepverfahren), indem man die Beobachtungen in der Reihenfolge A—1—A—1, 1—2—1—2 usw. anordnet.

Zahlenbeispiel: Messung mit einem Federbarometer.

Punkt	F	ΔF	$h = \Delta H \cdot \Delta F$	H
	Torr	Torr	m	m
A	719,5			548,3
		2,1	24,8	
1	717,4			573,1
		2,4	28,3	
2	715,0			601,4
		1,3	15,4	
3	713,7			616,8
		1,5	17,7	
E	712,2			634,5
		7,3	86,2	

$$\Delta H = \frac{634{,}5 - 548{,}3}{719{,}5 - 712{,}2} = \frac{86{,}2}{7{,}3} = 11{,}81.$$

28.3 Geländeaufnahme mit Feld- und Standbarometer. Zur Erfassung der Geländeformen eines Gebietes sei eine Anzahl von Punkten, deren Lage aus einem Grundrißplan zu entnehmen ist, ihrer Höhe nach zu bestimmen. Hierzu sind ein Standbarometer und ein Feldbarometer erforderlich. Das Standbarometer wird etwa in der Mitte des Gebietes an einem der Höhe nach festgelegten Ort aufgestellt, der weder Luftdruck- noch Temperaturanomalien aufweist. Alle 15 Minuten sind Uhrzeit, Luftdruck und Instrumententemperatur abzulesen. An den Beobachtungen braucht, da ja nur die Änderungen des Luftdruckes erfaßt werden sollen, lediglich die Temperaturverbesserung angebracht zu werden. Die Druckänderungen am Standbarometer trägt man zweckmäßig graphisch (Abzisse = Zeit, Ordinate = Druckänderung) so auf, daß sie sich für jeden beliebigen Zeitpunkt herausgreifen lassen.

Mit dem Feldbarometer geht der Beobachter von Geländepunkt zu Geländepunkt und beobachtet dort Barometerstand, Instrumenten- und Lufttemperatur. Zum mindesten am Anfang und am Ende der Messung, möglichst alle 2 Stunden, ist das Feldbarometer

Standbarometer			Feldbarometer						Höhenberechnung					
Zeit	Barom. Ablesg.	Druck-änderg.	Pkt.	Zeit	Barom. Ablesg.	Luft-temp.	Verb.	Red. Feld-bar.	$\frac{B_i + B_k}{2}$	t_m	Höhen-stufe	$B_i - B_k$	h	NN-Höhe
	St	Δ_{St}			F	t	$-\Delta_{St}$	B						
h m	Torr	Torr		h m	Torr	°C	Torr	Torr	Torr	°C	m	Torr	m	m
9 15	749,7	0,0	A	9 15	749,7	19,0	0,0	749,7						103,4
9 30	749,7	0,0												
									749	19,0	11,45	1,5	+17,2	
9 45	749,6	—0,1	1	9 41	748,1	19,0	+0,1	748,2						120,6
									747	18,9	11,48	2,5	+28,7	
10 00	749,5	—0,2	2	9 53	745,5	18,8	+0,2	745,7						149,3
									745	18,5	11,49	2,1	+24,1	
10 15	749,4	—0,3	3	10 09	743,3	18,2	+0,3	743,6						173,4
.	.	.	.	.	.									.
.	.	.		.	.									.
11 00	749,1	—0,6	A	11 03	749,0									

Die Ablesungen an Stand- und Feldbarometer sind bereits gemäß Ziffer 23 und 25 reduziert. Ferner ist die zu Anfang und am Ende der Beobachtungsreihe zwischen Stand- und Feldbarometer ermittelte Differenz von im Mittel —1,6 Torr als konstante Reduktion an den Standbarometerangaben angebracht worden. Die Druckänderungen am Standbarometer werden unter Berücksichtigung der Zeit mit umgekehrten Vorzeichen den Feldbarometerablesungen hinzugefügt.

mit dem Standbarometer zu vergleichen, um zu prüfen, ob die Standverbesserung des Feldbarometers sich während der Messung geändert hat; siehe das Zahlenbeispiel auf S. 49.

28.4 Staffelverfahren und Sprungverfahren. Es sei zwischen festen Punkten ein glatter Linienzug mit möglichst großer Genauigkeit einzuschalten, und es mögen dafür zwei Barometer gleicher Güte zur Verfügung stehen. Dann ermittelt man den Höhenunterschied zwischen zwei Nachbarpunkten in der Weise, daß man auf der unteren und auf der oberen Station gleichzeitig beobachtet. Der Ortswechsel kann auf verschiedenen Wegen vorgenommen werden:

a) Beim *Staffelverfahren* wird das II. Barometer immer auf den vorhergehenden Beobachtungspunkt nachgezogen und gleichzeitig mit dem I. Barometer abgelesen.

Man erhält dann folgende Anordnung:

Feldpunkte:	*A*	1	2	3	*E*
	I II				
	II	I			
		II	I		
			II	I	
				II	I
Zeit ↓					II I

b) *Beim Sprungverfahren* oder leap-frog (= Bocksprung)-Verfahren, das in den USA von den Bell Telefone Laboratories entwickelt ist, wird das II. Barometer nur auf jeden zweiten Geländepunkt aufgestellt und dort mit dem I. Barometer verglichen:

Feldpunkte:	*A*	1	2	3	*E*
	I II				
	II	I			
		I	II		
			I II		
			II	I	
				I	II
Zeit ↓					I II

Dieses Verfahren, bei dem man die Gangunregelmäßigkeiten gut eliminiert und auch die Lufttemperatur gut erfaßt, hat sich allen anderen Verfahren überlegen gezeigt.

Zahlenbeispiel: Beobachtet mit Askania-Mikrobarometern nach dem Sprungverfahren.

Beobachtungen mit den Barometern I und II (Hinweg)					Berechnung der Höhenunterschiede			
Zeit	Pkte.	Barom. I	Barom. II	Lufttemp.	I—II II—I	ΔB	Höhenstufe	Δh
h m		Torr	Torr	°C	Torr	Torr	m	m
12 31	*A*	751,98	751,98	.	0,00	.	.	.
12 37	1—*A*	751,33	751,98	8,5	—0,65	—0,65	11,00	+ 7,2
12 43	1—2	751,28	750,46	8,0	—0,82	—0,80	11,00	+ 8,8
12 47	2	750,46	750,44	.	+0,02	.	.	.
12 52	3—2	749,37	750,42	8,0	—1,05	—1,07	11,00	+11,8
12 57	3—*E*	749,41	747,42	7,5	—1,99	—2,01	11,00	+22,1
13 02	*E*	747,43	747,45	.	—0,02	.	.	.

Die gleichen Punkte wurden ein zweites Mal auf dem Rückweg beobachtet. Die Ergebnisse unterschieden sich im Durchschnitt um 0,2 m.

29 Genauigkeit der barometrischen Höhenmessung

Die in der barometrischen Höhenformel 27 (6)

$$h = K(1 + \alpha t)(\lg B_1 - \lg B_2)$$

auftretenden Größen B_1, B_2 und t sind mit Messungsfehlern behaftet. Um deren Einfluß auf den gesuchten Höhenunterschied h zu ermitteln, differenziert man die obige Gleichung und erhält, wenn die Vorzeichen außer acht gelassen werden,

$$\mathrm{d}h = \frac{\partial h}{\partial B_1}\,\mathrm{d}B_1 + \frac{\partial h}{\partial B_2}\,\mathrm{d}B_2 + \frac{\partial h}{\partial t}\,\mathrm{d}t \qquad (1)$$

$$\text{mit}\quad \frac{\partial h}{\partial B_1} = \frac{\mathrm{Mod}\,K}{B_1}(1 + \alpha t) = \frac{8019}{B_1}(1 + 0{,}0037\,t), \qquad (2)$$

$$\frac{\partial h}{\partial B_2} = \frac{\mathrm{Mod}\,K}{B_2}(1 + \alpha t) = \frac{8019}{B_2}(1 + 0{,}0037\,t), \qquad (3)$$

$$\frac{\partial h}{\partial t} = K(\lg B_1 - \lg B_2)\,\alpha = 0{,}0037\,h. \qquad (4)$$

Der Übergang auf kleine endliche Größen gibt

$$\varDelta h = \frac{\partial h}{\partial B_1} \varDelta B_1 + \frac{\partial h}{\partial B_2} \varDelta B_2 + \frac{\partial h}{\partial t} \varDelta t = \varDelta_b + \varDelta_b + \varDelta_t. \quad (5)$$

Nach 27.22 bewirkt ein um 0,1 Torr fehlerhafter Druck einen Höhenfehler $\varDelta_b$ von rund 1,2 m. Die Lufttemperatur läßt sich im freien Felde auf höchtens $\pm 1^\circ$ erfassen, so daß $\varDelta_t = 0{,}0037\, h \approx$ 0,4% von h ist. Im einzelnen ist

für $h =$	10	20	50	100	200	500	1000 m
$\varDelta_t =$	0,04	0,07	0,18	0,37	0,74	1,85	3,7 m

Zum Abschätzen des Gesamtfehlers gibt das Fehlerfortpflanzungsgesetz [Band I 14.4]

$$m_h = \pm \sqrt{m_b^2 + m_b^2 + m_t^2}. \quad (6)$$

Setzt man $m_t = \pm 1^\circ$ und wählt für m_b $\pm 0{,}1$, $\pm 0{,}05$ und $\pm 0{,}02$ Torr, so nimmt m_h folgende Werte an:

m_b \ h	10	20	50	100	200	500	1000 m
± 0,10 Torr	1,7	1,7	1,7	1,7	1,9	2,5	4,1 m
± 0,05 „	0,8	0,8	0,9	0,9	1,1	2,0	3,8 „
± 0,02 „	0,3	0,3	0,4	0,5	0,8	1,9	3,7 „

Bei Messungen mit einem einfachen Federbarometer ($\pm$0,1 Torr) kann demnach bei Höhenunterschieden bis zu 200 m ein mittlerer Fehler von $\pm$1 bis 2 m erwartet werden. Dieser Wert steht mit dem Ergebnis zahlreicher praktischer Messungen in Einklang.

Für Messungen mit einem hochgezüchteten Federbarometer nach Art der Thommen- oder Paulinbarometer ($\pm$ 0,05 Torr) und mit einem Askania-Mikrobarometer ($\pm$ 0,02 Torr) errechnen sich die in der 2. und 3. Zeile eingetragenen Werte.

Der Einsatz von Präzisionsbarometern ist also nur bei kleinen Höhenunterschieden sinnvoll.

Aber auch bei kleinen Höhenunterschieden können die von den Höhenänderungen herrührenden Änderungen des Luftdrucks durch lokale Luftdruckschwankungen, die durch Wärmeeinstrahlung, Bodenfeuchtigkeit, Stauwind usw. verursacht sind, weitgehend überlagert werden. Für Feinaufnahmen wähle man daher Aufnahmezeiten mit ruhiger Luft, ausgeglichenen meteorologischen Verhältnissen und bedecktem Himmel. Wenn man dann sein Feinbarometer auch vor kleinen Erschütterungen sorgfältig bewahrt, so darf man bestenfalls als mittleren Fehler einer Einzelhöhe ± 3 bis 4 dm erwarten*).

3 Tachymetrische Instrumente

31 Die Verfahren der optischen Distanzmessung

Unter einem Tachymeter versteht man ein Instrument, das es erlaubt, neben der Richtung und dem Höhenwinkel von einem zum anderen Punkt auch die Entfernung zwischen beiden mit optischen Mitteln zu messen. Die Grundlage der optischen Streckenmessung ist das bereits in Band II 22 eingehend diskutierte paral-

Bild 32.

$$s = \frac{b}{2} \cot \frac{\gamma}{2} \qquad (1)$$

laktische Dreieck, in dem aus der kleinen Grundlinie b und dem parallaktischen Winkel γ die Höhe des Dreiecks abgeleitet wird. Damit nur ein Stück gemessen zu werden braucht, wird entweder die Grundlinie oder der parallaktische Winkel konstant gemacht. Dabei wird die Grundlinie je nach dem Zweck der Messung entweder an den Standpunkt des Instruments oder an das Ende der gesuchten Strecke verlegt. Man unterteilt die Distanzmesser weiter in einfache Tachymeter, die bei geneigter Sicht die schräge Entfernung geben, und in Reduktionstachymeter, die die auf den Horizont reduzierte Entfernung und den Höhenunterschied liefern. Wenn man dann noch die optischen Mittel betrachtet, mit denen der parallaktische Winkel erzeugt wird, wie feste und bewegliche Fäden, Anschläge, Kurven und Keile, so erhält man folgende Konstruktionsmöglichkeiten:

a) Konstante Basis im Beobachterstand ohne besondere Zielmarkierung.
b) Veränderliche Basis im Beobachterstand mit Zielmarkierung durch einen senkrechten Stab.

*) Desmond O'Connor, The use of sensitive pressure devices in Surveying. Empire Survey Review 1957 S. 6, 50, 114, 160 und 1958 S. 194.

c) Konstante Basis im Ziel, d. h. am Ziel steht eine mit 2 Marken versehene Basislatte.

d) Veränderliche Basis im Ziel, d. h. am Ziel steht eine dezimal unterteilte Distanzlatte; als Beobachtungsinstrumente dienen:

α) Tachymeter mit Reichenbachschem Distanzmesser,

β) Reduktionstachymeter mit Schiebevorrichtung, Tangentenskala, Diagramm oder beweglichen Fäden in der Fadenkreuzebene,

γ) Keildistanzmesser mit einfachen Vorsatzkeilen,

δ) Keildistanzmesser mit Reduktionsvorrichtung.

Die Konstruktionen unter a) und b) eignen sich lediglich für Messungen mit mäßigen Genauigkeitsansprüchen; sie brauchen daher am Ende dieses Abschnittes nur kurz besprochen zu werden [37]. Der Fall c) sowie unter d) die Fälle γ) und δ), welche vor allem für die Polygonierung Bedeutung haben, sind bereits in Band II 22 eingehend beschrieben worden. Im Schwerpunkt der nachstehenden Darstellung stehen daher die vornehmlich für die Aufnahme der Geländeformen bestimmten Instrumente unter d) α) und β), bei denen mit Hilfe des Instruments eine am Ziel aufgestellte Distanzlatte abgelesen wird.

32 Der Reichenbachsche Distanzmesser

32.1 Ermitteln der horizontalen Entfernung. Nach G. von Reichenbach wird ein Meßfernrohr zu einem optischen Distanzmesser, wenn man das Fadenkreuz mit zwei Distanz-

Bild 33. Distanzfäden.

fäden ausstattet, die gem. Bild 33 im Abstand $p/2$ parallel zum horizontalen Mittelfaden verlaufen. Mit einem Fernrohr *Keplerscher Bauart* [Band I 52.1], das gem. Bild 34 in A aufgestellt ist, und einer in B vertikal gehaltenen Distanzlatte, die eine einfache in cm eingeteilte Nivellierlatte sein kann,

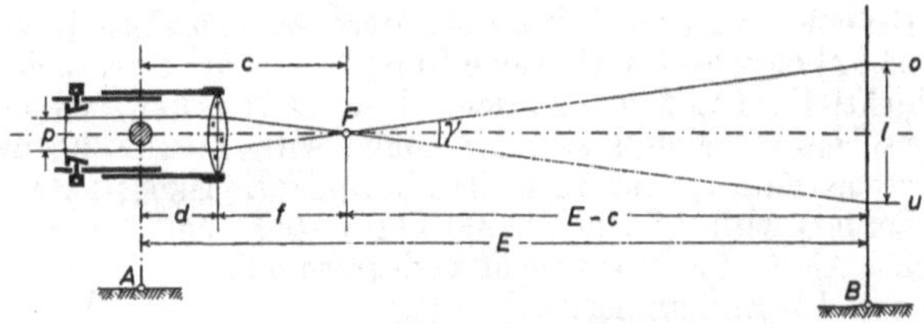

Bild 34. Reichenbachscher Distanzmesser.

läßt die horizontale Entfernung AB sich nach Bild 34 folgendermaßen ermitteln: Die von den Distanzfäden aus achsparallel auf das Objektiv fallenden Strahlen bilden nach der Brechung durch das Objektiv in dessen vorderen Brennpunkt den Winkel γ und schneiden, geradlinig verlängert, aus der Latte den Abschnitt $o - u = l$ heraus. Also besteht, wenn unter E die horizontale Entfernung AB, unter d der horizontale Abstand der Vertikalachse des Instruments von der Objektivlinse und unter f deren Brennweite verstanden wird, die Beziehung

$$E - (d + f) = \frac{f}{p}\, l \qquad (1)$$

oder mit $d + f = c$ und $\frac{f}{p} = k$

$$E = c + kl \qquad (2)$$

Hierin ist die kleine oder Additionskonstante c höchstens einige dm groß; die große oder Multiplikationskonstante k sucht der Mechaniker, indem er $p = 0{,}01\, f$ wählt, möglichst nahe gleich 100, seltener mit $p = 0{,}005\, f$ gleich 200 zu machen.

Der Winkel γ wird als parallaktischer Winkel bezeichnet. Der Punkt, in dem γ entsteht, heißt der anallaktische (= unveränderliche) Punkt des Meßfernrohrs; er liegt bei Keplerschen Fernrohren im vorderen Brennpunkt der Objektivlinse. Wegen $E - c = \frac{1}{2} \cot \gamma/2$ ist für $k = 100$ $\gamma = 34'23'' = 63{,}66^c$. Diesen Wert erreicht der Mechaniker jedoch nicht immer in aller Strenge; c und k müssen daher für jedes Instrument besonders bestimmt werden [32.2].

Bei einem Fernrohr mit *verschiebbarer Zwischenlinse* [Band I, 52.32] besteht das wirksame Objektiv aus der eigentlichen Objektivlinse und der Zwischenlinse. Durch Bewegen der Zwischenlinse ändert sich die äquivalente Brennweite des Systems und mit ihr auch die Multiplikationskonstante k; außerdem wird der Brennpunkt des Systems und damit der anallaktische Punkt ein wenig verlegt, so daß c und k Funktionen der Entfernung sind.

Verfolgt man nun die Bilder, die das Objektiv von den Schnittpunkten der Distanzstriche mit dem Vertikalstrich der Strichplatte bei den verschiedenen Stellungen der Zwischenlinse im Objektraum entwirft, so erhält man zwei schwach gekrümmte Hyperbelzweige, die schon in 5—10 m Entfernung vom Objektiv in ihre Asymptoten übergehen. Die horizontale Entfernung E kann daher bei $E > 10$ m unbedenklich nach (2) berechnet werden. Besser setzt man jedoch $k = 100 + dk$, bringt (2) in die Form

$$E = c + (100 + dk)\, l = 100\, l + (c + dk \cdot l) \qquad (3)$$

oder

$$E = 100\, l + \Delta E \qquad (4)$$

und bestimmt ΔE von etwa 10 zu 10 m empirisch. Da es heute dem Konstrukteur meistens glückt, c und dk sowie ihre Veränderungen mit der Entfernung durch optische Mittel klein zu halten, kann ΔE bei einfacheren Arbeiten vernachlässigt werden, für feinere Arbeiten (Tachymeterzüge usw.) muß ΔE jedoch bekannt sein.

32.2 Bestimmen von c, k und ΔE. Bei Instrumenten mit Okularauszug ist nach Bild 34 das Stück d genau genug gleich dem Abstand der Vertikalachse von der Objektivebene, und bei ∞ fernem Ziel gleicht f dem des Fadenkreuzes von der Objektivebene. Bei Einstellung auf ∞ kann $c = d + f$ demnach am Fernrohr direkt gemessen werden. Bei bekanntem c läßt sich dann k durch Vergleich von optisch beobachteten und mit Längenmeßverfahren höherer Genauigkeit gemessenen Strecken für sich allein bestimmen. Besser ermittelt man jedoch c und k gemeinsam durch eine graphische Ausgleichung, bei der noch die ΔE für die verschiedenen Entfernungen nebenher abfallen. Für Instrumente mit

Zwischenlinse kommt — außer den Laboratoriumsverfahren — nur dieser Weg infrage, den man zweckmäßig folgendermaßen anlegt:

Man verpflocke eine horizontale Vergleichsstrecke beginnend in rund 10 m Abstand vom Instrument an unrunden Stellen in der Nähe von 20, 40 ... 100 oder 120 m und messe mit abgeglichenen Latten oder Meßbändern unter Anbringen der Temperaturkorrektion die genauen Entfernungen E_i der markierten Punkte von der Vertikalachse des Instruments. Dieselben Strecken beobachte man mit dem Meßfernrohr, indem man bei nahezu horizontaler Mittelsicht den Abstand l der Distanzfäden an der auf den Zielpunkten sorgfältig lotrecht zu haltenden Distanzlatte 5 bis 10 mal mit ein wenig ($\pm$ 0,3^g) veränderter Fernrohrneigung bestimmt und mittelt. Dann bildet man mit den gemittelten l_i für jede der gemessenen Entfernungen E_i die vorläufigen Werte $(\Delta E_i) = E_i - 100\, l_i$. Schließlich trägt man auf der horizontalen Achse eines rechtwinkligen Koordinatensystems die 100 l_i und senkrecht dazu die (ΔE_i) auf und zieht nach Augenmaß eine ausgleichende Gerade (Bild 35). Mit deren Hilfe ermittelt man die ganzzahligen Werte der ausgeglichenen ΔE, greift ihre Abszissen ab und vertafelt sie wie im nachfolgenden Zahlenbeispiel. Der Abschnitt auf der ΔE-Achse ist ein Näherungswert für c; dk ist gleich dem Steigungsmaß der Geraden und $k = 100 +$ dk.

Die Genauigkeit des Verfahrens hängt wesentlich ab von der Schärfe, mit der die Lattenabschnitte ermittelt werden. Man stütze die Latte daher ab und halte wenigstens bei den näheren Entfernungen als Ablesungshilfe eine Millimeterskala an die Stellen der Latte, an denen abgelesen wird.

Zahlenbeispiel. Ermitteln von ΔE, c und k für den Theodoliten Theo 030 Nr. 121241.

Nach Anlage der Vergleichsstrecke wurden auf ihrem Anfangspunkt die Entfernungen nach den markierten Punkten E_i mit dem Theodolit optisch gemessen. Dabei wurden z. B. für den Punkt $E = 80{,}75$ m die in der linken Tafel vermerkten Lattenabschnitte $o - u$ erhalten und gemittelt, was $l = 0{,}8064$ ergab. Entsprechend wurden die l_i für die übrigen Punkte E_i bestimmt und mit ihnen in der mittleren Tafel die vorläufigen (ΔE_i) berechnet. Nach Eintragen der 100 l_i und (ΔE_i) in das Diagramm wurde nach Augenmaß die ausgleichende Gerade gezogen, der die Daten für die am weitesten rechtsstehende Tafel der endgültigen ΔE_i entnommen wurden.

Bestimmen von l bei $E = 80{,}75$

$o - u$	$+v$	$-v$	vv
m	mm/10		
0,806	4		16
0,805	14		196
0,806	4		16
0,807		6	36
0,807		6	36
0,806	4		16
0,807		6	36
0,806	4		16
0,807		6	36
0,807		6	36
8,064	30	30	440

$l = 0{,}8064$

$$m_l = \pm \sqrt{\frac{440}{9 \cdot 10}} = \pm 0{,}2 \text{ mm}$$

Bilden der vorläufigen (ΔE)

E	$100\,l$	(ΔE)
m	m	cm
10,35	10,40	— 5
19,80	10,88	— 8
41,10	40,15	— 5
60,18	60,28	—10
80,75	80,64	— 9
107,05	102,17	—12
120,09	120,21	—12

$c = -0{,}05$

$$\mathrm{d}k = \frac{(-11) - (-5)}{100} = -0{,}06$$

$k = 99{,}94$

Ausgeglichene ΔE

$100\,l$	ΔE
m	cm
7	
	— 6
24	
	— 7
40	
	— 8
57	
	— 9
73	
	—10
90	
	—11
107	
	—12
123	

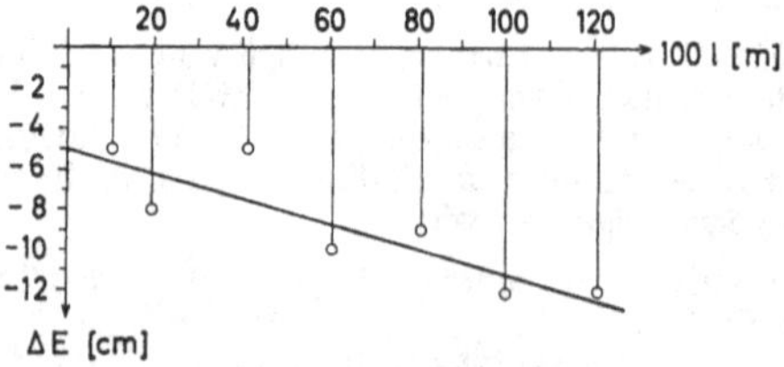

Bild 35. Konstantenbestimmung.

Schneller und genauer als auf einer Vergleichsstrecke bestimmt man die Konstante k mit Hilfe eines Kollimators [vgl. Band I (1965) Nr. 62 Bild 90], der im Okular eine 0,1 mm-Skala oder ein Okularmikrometer besitzt. Man stellt dazu außer dem Kollimator auch das zu untersuchende Fernrohr auf ∞ ein, mißt mit Hilfe der Skala oder des Okularmikrometers an dem in der Brennweite des Kollimators entstehenden Bild der Strichplatte den Abstand p_k der Bilder der Distanzstriche und erhält, wenn f_k die Brennweite des Kollimators ist, $f_k/p_k = f/p = k = \frac{1}{2}\cot\gamma/2$. Dieses k gilt nur für die Einstellung des Distanzmessers auf ∞; diese Einstellung ist jedoch bei Tachymetertheodoliten bei $E = 100$ m bereits annähernd erreicht.

Für Theo 030 Nr. 121 241 fand sich in der Brennebene eines Askaniakollimators mit der Brennweite $f_k = 2250$ mm als Abstand der Distanzstrichbilder $p_k = 22{,}52$ mm und damit $k = 2250:22{,}52 = 99{,}91$. Dieser Wert differiert gegen das Ergebnis auf der Vergleichsstrecke um 0,03%, also um 3 cm auf 100 m. Allgemein hat man mit einer Unsicherheit von $\pm$ 0,05% zu rechnen.

32.3 Reduktionsformeln für schräge Sichten. Wenn mit einem Fadendistanzmesser, dessen Zielachse mit der Horizontalen den Winkel α bildet, eine vertikalstehende Latte anvisiert wird, so steht der Lattenabschnitt l nicht senkrecht auf der Zielachse, sondern bildet mit ihr den Winkel $100^g + \alpha$ bzw. $100^g - \alpha$ (Bild 36).

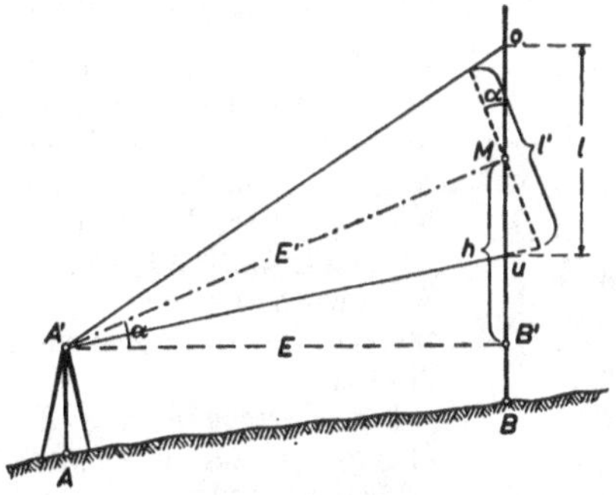

Bild 36.

Zur Ermittlung der schrägen Strecke E' braucht man den zwischen den Schenkeln des parallaktischen Winkels liegenden Abschnitt l' einer senkrecht zur Zielachse zu denkenden Latte. Mit einer Vernachlässigung, die bei $\alpha = 30^g$ und $l = 100$ cm weniger als 0,02 mm ausmacht, ist

$$l' = l \cos\alpha, \tag{6}$$

und demnach ist gem. (2) die schräge Strecke $A'M$

$$E' = c + kl\cos\alpha. \tag{7}$$

Die Horizontalprojektion $A'B'$ dieser Strecke ist

$$E = c\cos\alpha + kl\cos^2\alpha \tag{8}$$

und der Höhenunterschied $\dot{B}'M$ zwischen der Horizontalen durch die Kippachse und dem Punkt M, in dem der Mittelfaden der Latte abgebildet wird,

$$h = E'\sin\alpha = c\sin\alpha + kl\sin\alpha\cos\alpha. \tag{9}$$

Um noch einfachere Rechenformeln zu gewinnen, setzt man in (8) $c\cos\alpha \approx c\cos^2\alpha$ und in (9) $c\sin\alpha \approx c\sin\alpha\cos\alpha$; dann klammert man im Hinblick auf (4) in beiden Gleichungen

$$(c + kl) = (\varDelta E + 100\,l) = S \tag{10}$$

aus und erhält mit der *Stammzahl* S die Gebrauchsformeln

$$\left.\begin{aligned} E &= S\cos^2\alpha, \\ h &= S\sin\alpha\cos\alpha = {}^1/_2\, S\sin 2\alpha. \end{aligned}\right\} \tag{11}$$

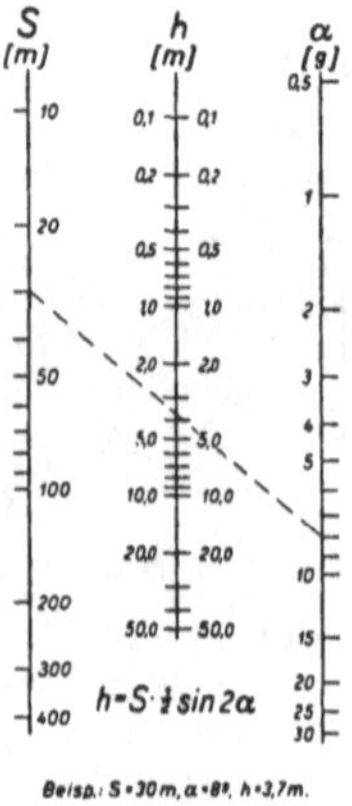

Bild 37.

Die Näherungen für $c\cos\alpha$ und $c\sin\alpha$ verursachen bei $c = 0{,}30$ m und $\alpha = 30^g$ auf 100 m in E einen Fehler von 29 mm und in h von 15 mm, was bei der gewöhnlichen Tachymetrie vernachlässigt werden kann. Die Fehler entfallen ganz, wenn wie bei den meisten neueren Tachymetern die Additionskonstante nahezu Null ist.

Zur Berechnung von E und h nach (11) gibt es zahlreiche Hilfsmittel. Das einfachste Hilfsmittel sind Strahlendiagramme. Die Leiterskala Bild 37 ist nach einem Entwurf von P. Werkmeister gezeichnet. Sehr zweckmäßig sind tachymetrische Rechenschieber, z. B. der Tachymeterschieber von Nestler und der Aristo-Geodät von Dennert und

Pape. Schließlich stehen zahlreiche Zahlentafeln zur Verfügung*).

32.4 Die Genauigkeit der Fadendistanzmessung

32.41 *Bei der Entfernungsbestimmung* mit einem Fadendistanzmesser sind die wichtigsten Fehlerquellen ungenaue Werte von c bzw. ΔE und k, ungenaue Ablesungen an der Latte und am Höhenkreis, Refraktionseinflüsse und Mängel beim Senkrechthalten der Ziellatte.

Um die letztgenannten Mängel vorweg zu behandeln, wird angenommen, es sei die Latte gegen die Vertikale um den Winkel δ geneigt; dann müßte l in (6) nicht mit $\cos\alpha$, sondern mit $\cos(\alpha+\delta)$ reduziert werden. Es ist aber

$$l\cos(\alpha+\delta) = l(\cos\alpha\cos\delta - \sin\alpha\sin\delta)$$

oder, da δ ein kleiner Winkel ist,

$$l\cos(\alpha+\delta) \approx l\cos\alpha(1-\delta\tan\alpha). \tag{12}$$

Demnach wird aus (8) bei Berücksichtigung von δ

$$E = c\cos\alpha + kl\cos^2\alpha^2(1-\delta\tan\alpha). \tag{13}$$

Um die Einflüsse der verschiedenen Fehlerquellen zu erkennen, wird hierauf das Fehlerfortpflanzungsgesetz [Band I 14.4] angewandt. Das gibt

$$m_E^2 = \left(\frac{\partial E}{\partial c}\right)^2 m_c^2 + \left(\frac{\partial E}{\partial k}\right)^2 m_k^2 + \left(\frac{\partial E}{\partial l}\right)^2 m_l^2 + \left(\frac{\partial E}{\partial \alpha}\right)^2 m_\alpha^2 + \left(\frac{\partial E}{\partial \delta}\right)^2 m_\delta^2, \tag{14}$$

worin, wenn in den ersten vier Ausdrücken das Glied mit δ vernachlässigt wird, die partiellen Ableitungen folgende Werte haben:

$$\left.\begin{aligned} &\frac{\partial E}{\partial c} = \cos\alpha; \quad \frac{\partial E}{\partial k} = l\cos^2\alpha; \quad \frac{\partial E}{\partial l} = k\cos^2\alpha, \\ &\frac{\partial E}{\partial \alpha} = c\sin\alpha + kl\,2\sin\alpha\cos\alpha \approx kl\sin 2\alpha, \\ &\frac{\partial E}{\partial \delta} = -kl\cos^2\alpha\tan\alpha = 1/2\,kl\sin 2\alpha. \end{aligned}\right\} \tag{15}$$

*) Siehe Schrifttumsnachweis auf S. 137. Ferner Schliephacke, G., Überblicke über Tachymetertafeln usw. Vermessungstechnik 1953 S. 187, 1954 S. 211, 1955 S. 49.

Um Zahlenwerte zu erhalten, werde eine mittels eines Distanzmesser mit $k = 100$ gemessene 100 m lange Strecke betrachtet; es ist also in den Ausdrücken (15) $k = 100$ und $l = 100$ cm zu setzen. Erfahrungsgemäß ist sodann $m_c \approx \pm 2$ cm und $m_k \approx \pm 0{,}05$. Eine einzelne Ablesung an der Latte kann bei Feldmeßinstrumenten auf ± 1 mm und demnach ein Lattenabschnitt auf ± 1 mm $\sqrt{2}$ bestimmt werden. Dieser Betrag ist jedoch im Hinblick auf Refraktionseinflüsse [Band II 24.1] um rd. 20% zu vergrößern, so daß $m_l = \pm 0{,}18$ cm angenommen werde. Die Vertikalwinkel erhält man bei Ablesungen in einer Fernrohrlage mit $m_\alpha \approx \pm 2^c$.

Die Latte kann mit einer Dosenlibelle auf etwa $1/2^g$ ins Erdlot gebracht werden, so daß $\delta = m_\delta = \pm 50^c$ ist. Einsetzen in (14) ergibt dann zur Berechnung des mittl. Fehlers (in cm) einer Strecke von 100 m

$$m_{100}^2 = (2 \cos \alpha)^2 + (5 \cos^2 \alpha)^2 + (18 \cos^2 \alpha)^2 + + (3 \sin 2\alpha)^2 + (40 \sin 2\alpha)^2. \tag{16}$$

Danach ist die nachstehende Tabelle errechnet:

α	Fehler in cm bewirkt durch m_c	m_k	m_l	m_α	m_δ	m_{100}
0^g	±2	±5	±18	±0	± 0	± 19 cm
10	2	5	18	0	12	± 22 cm
20	2	4	16	2	24	± 27 cm
30	2	4	15	3	32	± 36 cm

Entscheidend ist also in erster Linie die Genauigkeit, mit der der Lattenabschnitt beobachtet wird, und bei wachsendem Höhenwinkel die Sorgfalt, mit der der Meßgehilfe die Latte aufhält. Er sollte daher stets einen Bambus- oder Fluchstab zum Verstreben der Latte benutzen. Im Durchschnitt kann auf eine Strecke von 100 m bei mäßiger Neigung eine Unsicherheit von rd. 0,2% erwartet werden. Dieser Prozentsatz gilt aber erfahrungsgemäß nur für Strecken von 20 m bis etwa 130 m. Darüber hinaus nimmt die Genauigkeit schnell ab, so daß man bei Entfernungen von 300 m, wie sie z. B. bei kleinmaßstäbigen topographischen Aufnahmen gemessen werden, mit ±0,4% und mehr rechnen muß.

32.42 *Bei der Bestimmung des Höhenunterschiedes* erhält die Gleichung (9), wenn die Latte am Ziel um den Winkel δ geneigt ist, die Form

$$h = c \sin \alpha + {}^1/_2 kl \sin 2\alpha (1 - \delta \tan \alpha). \qquad (17)$$

Auf ähnlichem Wege wie in 32.51 findet man für den mittleren Fehler eines über eine 100 m lange Strecke beobachteten Höhenunterschiedes

$$m_h^2 = (2 \sin \alpha)^2 + (2{,}5 \sin 2\alpha)^2 + (9 \sin 2\alpha)^2 + (3 \cos 2\alpha)^2 + \\ + (80 \sin^2 \alpha)^2. \qquad (18)$$

Damit ergibt sich folgende Tabelle:

α	h auf 100 m	Fehler in cm bewirkt durch					m_h
		m_c	m_k	m_l	m_α	m_δ	
0^g	0,0 m	0,0	0,0	0,0	3,0	0,0	± 3 cm
10	15,4 m	0,3	0,8	2,8	2,8	1,6	± 4 cm
20	29,4 m	0,6	1,5	5,3	2,4	7,8	±10 cm
30	40,4 m	0,9	2,0	7,3	1,8	15,6	±17 cm

Die Fehlereinflüsse bei der Bestimmung des Höhenunterschiedes entsprechen also — von der Größenordnung abgesehen — durchaus denen der Entfernungsbestimmung; auch hier hat man vor allem für sorgfältiges Bestimmen des Lattenabschnittes und Lotrechthalten der Ziellatte zu sorgen. Ferner zeigt sich, daß es für tachymetrische Zwecke genügt, die Vertikalwinkel auf $\pm 2^c$ zu erfassen. Berücksichtigt man schließlich noch den mittl. Fehler bei der Bestimmung der Instrumentenhöhe mit ±1 bis 2 cm, so kann man für einen über eine Strecke von 100 m ermittelten Höhenunterschied bei einer Geländeneigung bis zu 10^g einen mittl. Höhenfehler von ± 5 cm erwarten.

33 Der einfache Tachymetertheodolit

Reichenbachsche Distanzfäden finden sich vor allem im Nivelliertachymeter, in der Kippregel und im Tachymetertheodolit. Das Nivelliertachymeter ist bereits in Band I 62.3 erwähnt. Die Kippregel wird zusammen mit dem Meßtisch in 36 besprochen werden.

Der *einfache Tachymetertheodolit* ist in der Regel ein mit Nonien, Strichmikroskopen oder einfachen Skalenmikroskopen versehener Bau- oder Ingenieurtheodolit [Band II 14.3], der einen Höhenkreis mit Höhenzeigerlibelle oder -automatik, Distanzfäden, evtl. eine Bussole und eine Nivellierlibelle am Fernrohr besitzt. Die Fernrohrlibelle ist entweder eine einfache Röhrenlibelle oder eine Doppelschliff-libelle, deren Achse der Zielachse des Fernrohrs parallel sein muß.

Unter Verzicht auf die in Band I und II geschilderten Verfahren der Fehlerkompensation pflegt man in der Tachymetrie Justierungsmängel so gut wie möglich zu beseitigen, damit auch beim Benutzen einer Libellenlage, eines Zeigers und einer Fernrohrlage ausreichend genaue Werte erhalten werden. Man berichtigt das Instrument zweckmäßig folgendermaßen:

1. Berichtigen der Alhidadenlibelle nach Band I 51.32;
2. Beseitigen des Zielachsenfehlers und soweit möglich des Kippachsenfehlers nach Band II 16.1;
3. Beseitigen der Indexabweichung nach 13.3 dieses Bandes;
4. Berichtigen der Fernrohrlibelle nach Band I 62 oder 36.2 dieses Bandes.

Die Indexabweichung sollte täglich überprüft werden. Das geschieht am einfachsten dadurch, daß man die justierte Fernrohrlibelle und die Höhenzeigerlibelle einspielen läßt, und prüft, ob am Höhenkreis $z = 100^g$ erscheint.

Als *Distanzlatte* kann bei Entfernungen bis etwas 130 m jede einfache, klar geteilte Nivellierlatte dienen. Für größere Zielweiten benutzt man eine in 5-cm-Felder unterteilte Latte, deren Felder so übersichtlich angeordnet sind, daß die Latte auch ohne Bezifferung abgelesen werden kann. Für mittlere Entfernungen empfiehlt sich eine Latte, bei der die Zentimeterfelder zu 5-cm-Gruppen zusammengefaßt sind. Hat man ein terrestrisches Fernrohr, d. h. ein Fernrohr, das aufrecht stehende Bilder gibt, so muß die Latte mit aufrecht stehenden Zahlen versehen sein.

34 Die Reduktionstachymeter

Da das Ablesen der Höhenwinkel, die Reduktion der schräg gemessenen Strecken auf die Horizontale und die Berechnung der Höhenunterschiede verhältnismäßig viel Zeit in Anspruch nimmt, werden seit nahezu 100 Jahren sogenannte Reduktionstachymeter gebaut, die ohne Zwischenablesung und Rechnung sogleich die reduzierte Strecke und den Höhenunterschied hergeben. Die fast verwirrende Fülle der Typen läßt sich folgendermaßen untergliedern:

34.1 Die Schiebetachymeter sind die älteste Gruppe. Bei ihnen wird zunächst der Ausdruck $c + kl = S$ berechnet und im Verhältnis 1 : 1000 an dem im Bild 38 angedeuteten oberen Maßstab eingestellt. Durch automatische Projektion von S auf eine der Zielachse des Fernrohrs parallele Schiene erhält man $S \cos \alpha$ und durch abermalige Projektion mittels eines Schiebedreiecks auf den unteren Maßstab $S \cos^2 \alpha$. Der Höhenunterschied $S \cos \alpha \sin \alpha$ läßt sich am Schiebedreieck ablesen. Die Schiebetachymeter haben sich, vor allem weil das Einstellen und Abschieben zuviel Feldarbeitszeit beansprucht, nicht durchsetzen können.

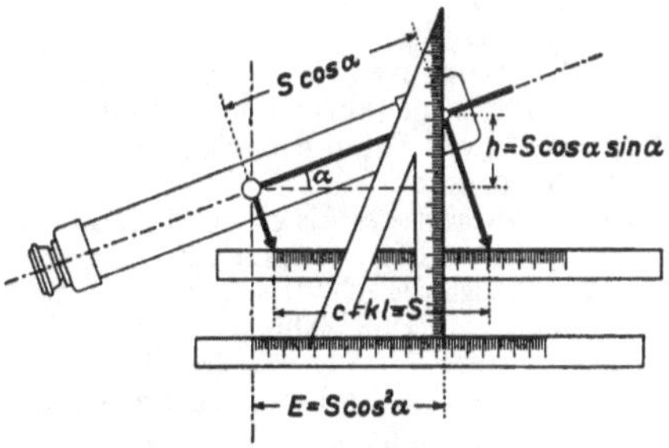

Bild 38. Schiebetachymeter.

34.2 Die Tachymeter mit Tangentenskala (Bild 39) haben an Stelle des Höhenkreises in der Entfernung d von der Kippachse eine senkrechte Skala, an der man die Neigung der Ziellinie in Prozenten ablesen kann. Da das Fadenkreuz nur einen Horizontalfaden besitzt, hat man, um einen parallaktischen Winkel zu erzeugen, nach der ersten Ablesung das Fernrohr um einen be-

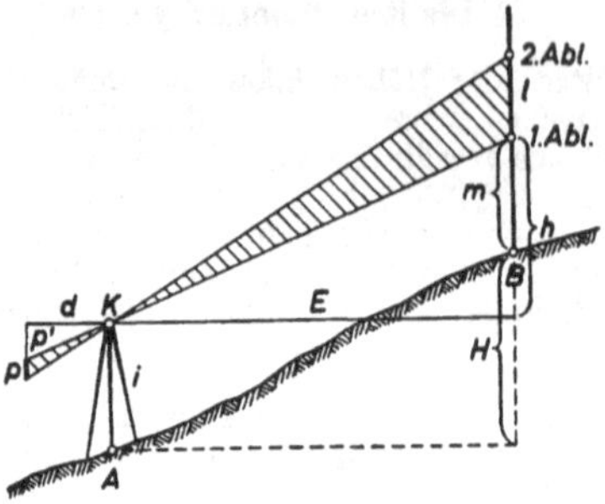

Bild 39.

stimmten Betrag zu kippen und in der neuen Lage eine zweite Ablesung zu machen*). Bemißt man dabei die Kippung ohne Rücksicht auf die jeweilige Anfangsneigung des Fernrohrs auf 1% der Horizontalentfernung, so hat man ein Reduktionstachymeter mit der Konstanten 100. Es ist nämlich, wenn im Bild 39 K das Kippachsenlager bedeutet,

$$E = \frac{d}{p} l \quad \text{und} \quad h = \frac{p'}{d} E.$$

Wenn dann d zu 10 cm und p zu 1 mm genommen wird, so ist $E = 100 l$, und wenn weiter p' in ganzen mm ausgedrückt wird, so ist in Worten h gleich p'% von E. Das einfachste Instrument, das nach diesem Prinzip arbeitet, ist:

Das *Gefällschraubentachymeter.* Es gleicht äußerlich einem Nivelliertachymeter; nur ist die Kippschraube eine feingeschnittene tangential wirkende „Tangentenschraube", die eine Ganghöhe von $d/100$ hat und eine Skala zum Zählen der vollen Umdrehungen besitzt (ähnlich dem Bild 47 des II. Bandes). Der Neigungsbereich ist beschränkt; er beträgt nur etwa 5% der Entfernung.

Das *Kontakttachymeter*, 1865 von Sanguet-Frankreich erfunden, hat ein mit Anschlägen (Kontakten) versehenes Hebelsystem, durch das das Fernrohr vor der 2. Ablesung um ein (oder mehrere) Prozent gekippt werden kann. Es besitzt anstatt des Höhenkreises eine Prozentskala (Bild 40); neuere Ausführungen bauen Coppin und Secretan in Paris.

*) Vogg, A., Entfernungsmessung mit der Tangentenschraube. Zeitschr. f. Verm.wesen 1951 S. 15. Tarczy-Hornoch, A., Über die Tangententachymeter. Österr. Zeitschr. f. Verm.wesen 1966 S. 73.

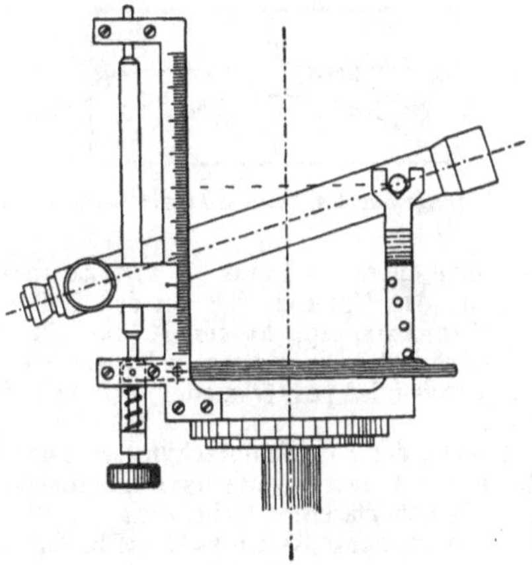

Bild 40. Kontakttachymeter.

Das *Szepessytachymeter* — benannt nach seinem Erfinder — ist seinem Aufbau nach ein Repetitionstheodolit; jedoch ist auf der zylindrischen Stirnfläche eines zum Vertikalkreis konzentrischen, aber feststehenden Kreises eine Prozentteilung aufgetragen, deren Teilstriche in das Gesichtsfeld des Fernrohrs gespiegelt und dort als Distanzstriche zum Ablesen eines Lattenabschnittes benutzt werden. Dabei entspricht ein Strichintervall von 1% der Konstante 100, von 2% der Konstante 50 usw. Das Instrument baut heute MOM (Budapest).

34.3 Die Diagramm- oder Kurventachymeter,

die in ihrer heutigen Ausführung als besonders günstige Lösung anzusprechen sind, gehen zurück auf das um die Jahrhundertwende durch Zusammenarbeit des Professors Hammer (Stuttgart) und des Instrumentenbauers Fennel (Kassel) entstandenen Hammer-Fennel-Tachymeter. Sein Kernstück war das am Fernrohrträger in Kippachsenhöhe montierte Diagramm (Bild 41), das über ein Prismensystem so ins Okular gespiegelt wurde, daß die letzte Prismenfläche mit dem durch die Fernrohrneigung verkippten Bild des Diagramms die linke Hälfte des Okulars einnahm. Zur

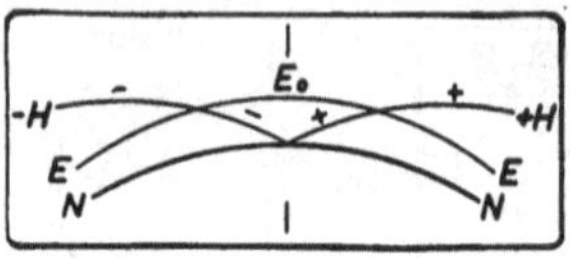

Bild 41. Diagramm des Hammer-Fennel-Tachymeters.

Messung führte man die rechte Kante des Prismas an die Distanzlatte heran, stellte den Nullkreis NN auf den 1,40 m über dem Boden befindlichen Anfangspunkt der Teilung ein und konnte dann mit der *E*-Kurve des Diagramms die horizontale Entfernung und mit den H-Kurven den positiven oder negativen Höhenunterschied ermitteln.

Eine neue Epoche der Diagrammtachymeter begann mit dem Vorschlag des norwegischen Ingenieurs Dahl, die Distanz- und Höhenkurven auf einem gläsernen Höhenkreis aufzutragen. Diesen Vorschlag, bei dem das ganze Gesichtsfeld frei blieb, verwirklichte die Firma Carl Zeiss-Jena mit dem i. J. 1942 herausgebrachten

34.31 *Dahltachymeter*, das heute in Jena in einer weiterentwickelten Ausführung als *Dahlta 020* gefertigt wird. Im *020*, dessen Strahlengang das Bild 42 darstellt, ist neben dem

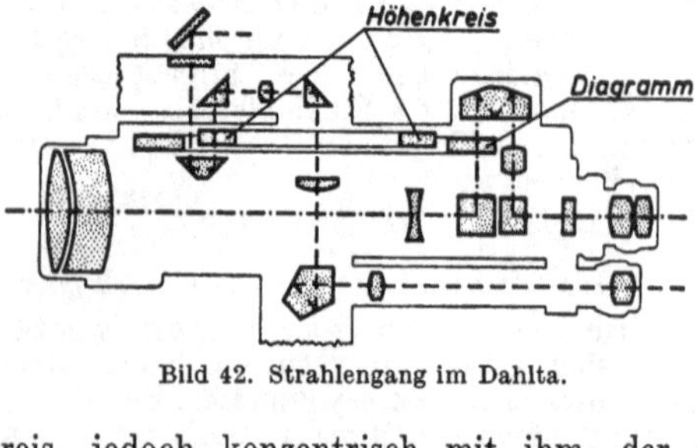

Bild 42. Strahlengang im Dahlta.

Höhenkreis, jedoch konzentrisch mit ihm, der gläserne Diagrammkreis angeordnet, der an der Fernrohrkippung nicht teilnimmt. Die in das Fernrohrobjektiv fallenden Strahlen werden über ein Prismensystem durch den Diagrammkreis hindurchgelenkt, so daß im Gesichtsfeld das

Bild 43 erscheint. Wie in diesem Bild stellt man den „Grundkreis" auf die 1,40 m über dem Erdboden durch zwei Keile gebildete Nullmarke ein, liest oben im Gesichtsfeld an der Entfernungskurve den Lattenabschnitt für die horizontale Entfernung ab, und multipliziert ihn mit 100.

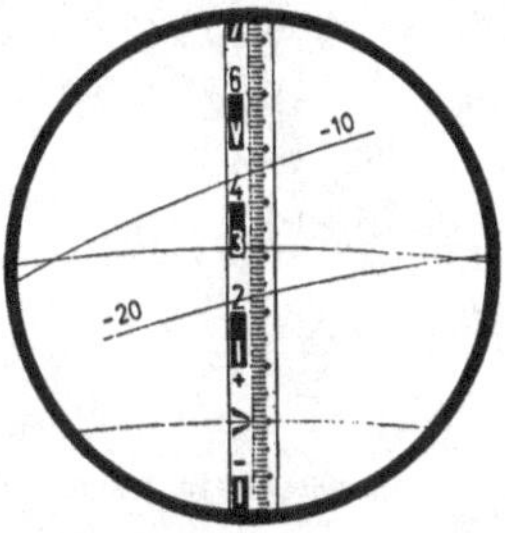

Bild 43. Dahlta: $E = 31{,}6$ m; $h = 0{,}454 \times (-10) = -4{,}54$ m oder $h = 0{,}227 \times (-20) = -4{,}54$ m.

Zur Bestimmung des Höhenunterschiedes nimmt man den Lattenabschnitt bis zu der mit —10 bezeichneten Kurve, multipliziert die Ablesung mit 10 und erkennt am Vorzeichen —, daß es sich um einen negativen Höhenunterschied handelt. Bei positivem Höhenunterschied würde im Gesichtsfeld die Kurve + 10 erschienen sein. Bei stärkeren Neigungen benutzt man die Kurven + 20 und —20.

34.32 Beim *FTRA von Fennel* weicht der Strahlengang im Prinzip von dem des Dahlta nur wenig ab. Der Strahlengang und ein Ausschnitt aus dem Diagrammkreis, der Höhenkurven mit den Konstanten 10, 20 und 50 aufweist, ist im Bild 44 (Entwurf Dipl.-Ing. Vosen) perspektiv dargestellt. Bild 45 gibt das Gesichtsfeld wieder. Das Instrument ist mit einem automatischen Höhenzeiger und mit Zwangszentrierung ausgestattet.

34.33 Im *RdS von Wild* liegt der Diagrammkreis dem Höhenkreis gegenüber. Durch ein sinnreiches Getriebe wird

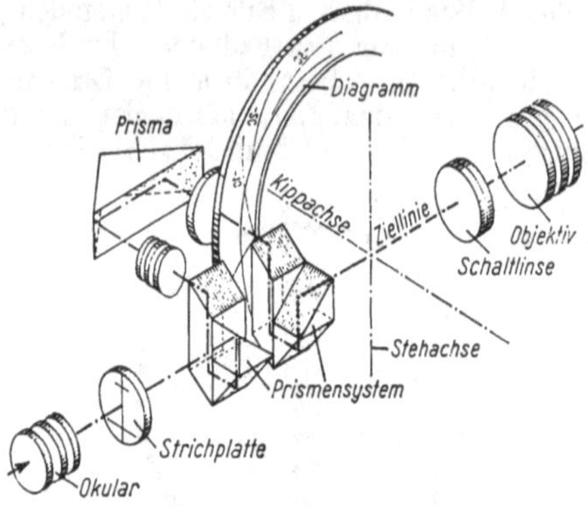

Bild 44. Strahlengang im Fennel FTRA.

erreicht, daß beim Kippen des Fernrohrs der Diagrammkreis sich in entgegengesetztem Sinne und gleichzeitig soviel schneller dreht, daß er bei Neigung des Fernrohrs um 50^g eine volle Umdrehung erreicht. Die Kurven steigen daher auf dem Diagrammkreis nur sehr langsam an und zeigen im Gesichtsfeld, wie Bild 46 erkennen läßt, einen sehr flachen Verlauf

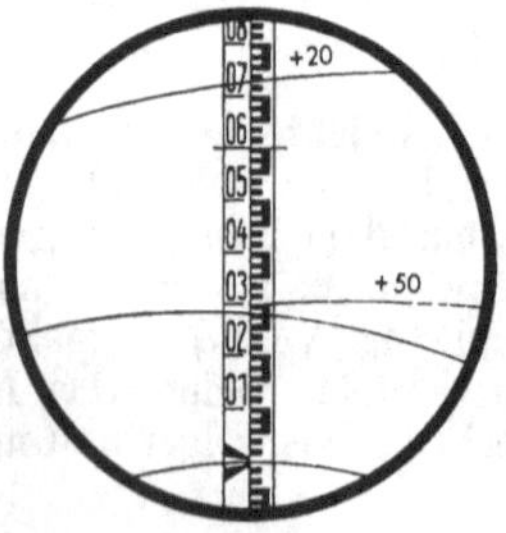

Bild 45. FTRA: $E =$ 27,8 m,
$h = 0{,}728 \times (+20) = +14{,}56$ m
$= 0{,}292 \times (+50) = +14{,}6$ m.

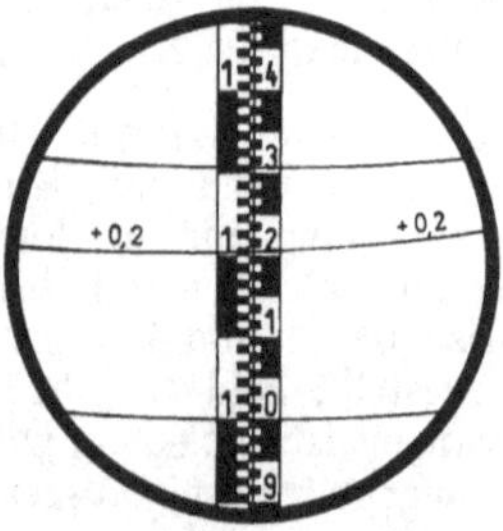

Bild 46. Wild RdS: $E = 30{,}6$ m,
$h = 20{,}4 \times (+0{,}2) = +4{,}08$ m.

ohne jegliche Überschneidungen, was die Ablesung sehr angenehm macht.

34.34 Das *RTa4 von Zeiss-Oberkochen* ist eine auf dem Th 4 der Firma aufgebaute Weiterentwicklung des Dahlta, das mit eingebautem optischen Lot, seitenrichtigem Bild, automatischem Höhenindex und der allen neueren Theodoliten der Firma eigenen schnellen Kugelfußzentrierung das Arbeiten mit dem Instrument sehr erleichtert.

Für die *Genauigkeit* der Entfernungs- und Höhenunterschiedsbestimmungen mit den neuen Diagrammtachymetern gelten dieselben Überlegungen wie beim Fadendistanzmesser [32.5]. Der durch den Reduktionsvorgang verursachte Genauigkeitsverlust wird durch die feinen Kurven des Diagramms und die vorzügliche Optik weitgehend ausgeglichen. Die Horizontal- und Höhenkreise werden an Skalenmikroskopen mit der diesen eigenen Genauigkeit abgelesen.

34.4 Reduktionstachymeter mit firmen-eigenem Prinzip.

34.41 Der *K1-RA der Firma Kern* verwirklicht den alten Gedanken, den Abstand der Distanzstriche eines Reichenbachschen Tachymeters so zu verändern, daß an ihnen die reduzierte Entfernung, und möglichst auch der Höhenunter-

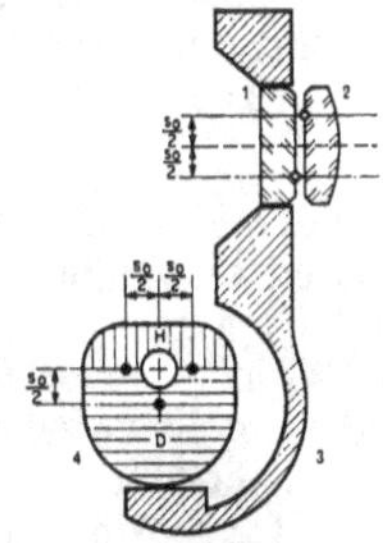

Bild 47a. Kern K1-RA; Strichplattensteuerung der Reduktionseinrichtung.

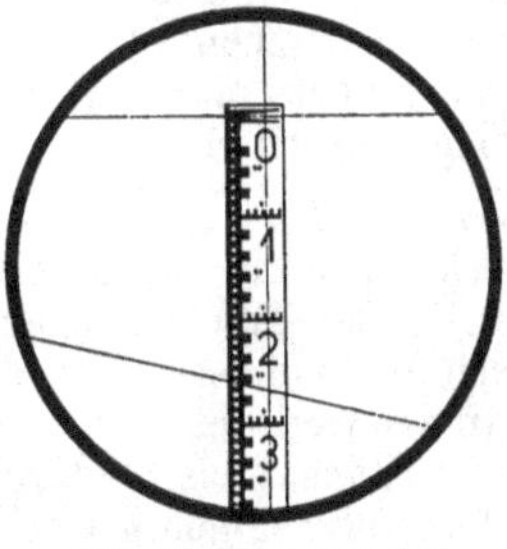

Bild 47b. Kern DK-RV, $E = 20{,}63$

schied abgelesen werden kann. Dazu ist beim K1-RA der erste Distanzstrich (Grundstrich) auf der im Bild 47a mit 2 bezeichneten festen Glasplatte aufgebracht. Der zweite Distanzstrich befindet sich auf der beweglichen Platte 1. Diese wird von einem Zahnradgetriebe, das durch die Fernrohrkippung bewegt wird, über den Exzenter 4 und den Taster 3 so gesteuert, daß der Lattenabschnitt zwischen den Distanzstrichen nach Multiplikation mit 100 die horizontale Entfernung und nach Umschalten eines Rändelrings den Höhenunterschied ergibt. Ist S_0 der Abstand der Striche bei horizontaler Visur, so beträgt er mit ausreichender Näherung bei einer um den Winkel α geneigten Visur

für die horizontale Entfernung $S_\alpha = \frac{S_0}{2}(1 + \cos 2\alpha)$

für den Höhenunterschied $S_\alpha = \frac{S_0}{2} \sin 2\alpha.$

Der Höhenkreis des Instruments stellt sich automatisch ein. Für die Meßgenauigkeit gilt etwa das Gleiche wie für die modernen Diagrammtachymeter.

34.42 Beim *DK-RV der Firma Kern* befindet sich ebenfalls ein Distanzstrich auf einer beweglichen Platte. Diese wird beim Kippen des Fernrohrs mittels einer Exzenterscheibe bewegt, die durch ein Getriebe mit zwei zentrischen und zwei exzentrischen Zahnrädern gesteuert wird. Eine Einrichtung zur tachymetrischen Ermittlung der Höhenunterschiede ist nicht vorhanden; man muß sie aus der Horizontalentfernung und dem Höhenwinkel errechnen.

34.43 Das *Tari der Filotecnica Salmoiraghi*-Mailand ist eine sehr moderne Form des Tangententachymeters von Szepessy. Bei ihm gelangen die ins Objektiv fallenden Strahlen in ähnlicher Weise wie im Bild 44 mittels vierfacher Reflexion durch den mit einer Tangensteilung versehenen gläsernen Höhenkreis hindurch in das Gesichtsfeld des Okulars. Dort übernehmen je zwei Striche der Tangensteilung die Rolle von Distanzstrichen, die jedoch einen mit der Kippung des Fernrohrs veränderlichen Abstand haben. Den Höhenunterschied erhält man durch Multiplikation der Horizontalentfernung mit den Angaben einer am rechten Rand des Gesichtsfeldes befindlichen engeren Tangensteilung. Die Genauigkeit des Tari dürfte der der modernen Diagrammtachymeter entsprechen.

35 Bussolen und Bussolentachymeter

35.1 Die Bussoleninstrumente. Eine Bussole ist ein mit einer Visiereinrichtung versehener Kompaß. Die Visiereinrichtung weist gewöhnlich in die Richtung des Durchmessers, der den Nullpunkt der Teilung enthält. Der Kreis ist meistens linksläufig geteilt, so daß, wenn ein Ziel mit der Zielvorrichtung anvisiert ist, der magnetische Richtungswinkel der betreffenden Zielrichtung sich an der Kompaßnadel ablesen läßt.

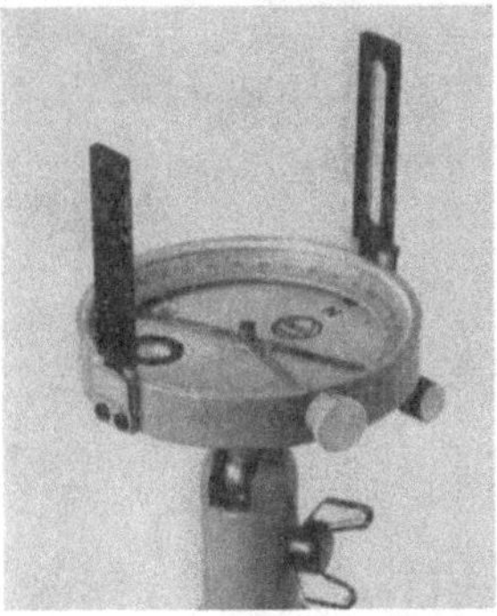

Bild 48.
Diopterbussole DBI von Ertel.

Bild 49.
Tachymeterbussole von Breithaupt.

Die einfachste Form der Bussole ist der *Marschkompaß*, bei dem die Visiervorrichtung aus einem Pfeil besteht. Er kommt für geodätische Zwecke kaum in Frage. Vielseitiger verwendbar ist die *Diopterbussole*, die auf ein Stockstativ oder ein leichtes Dreibein gesetzt und mit einer Dosenlibelle horizontiert wird. Ihr dosenförmiges Gehäuse trägt am inneren Rand einen — meistens in volle Sexagesimalgrade — eingeteilten Kreis. In der Mitte des Bodens ist eine Pinne mit einer feinen Spitze eingeschraubt; auf ihr schwebt hoch- oder flachkant eine mit einem Achathütchen versehene Kompaßnadel, die als Gegengewicht gegen die Inklination an einem Arm einen Schieber trägt (Bild 48).

Die Visiereinrichtung besteht gewöhnlich aus einem Sehschlitz und einem am anderen Ende des Durchmessers parallel zu dem Sehschlitz gespannten Faden. Zur Sicherung der Spitze kann die Nadel bei Nichtgebrauch mit einer Hebelvorrichtung von der Spitze abgehoben und arretiert werden. Die Diopterbussolen werden in ziemlich unterschiedlichen Aufmachungen als Universalkompaß, Routenkompaß, Geographen- oder Geologenkompaß usw. auf den Markt gebracht.

Bild 51.
Vollkreisaufsatzbussole von Fennel.

Bild 50.
Bussolentachymeter von Ertel.

Hat die Bussole als Visiervorrichtung ein kleines Fernrohr mit Distanzfäden, dazu einen einfachen Höhenkreis, eine Klemm- und Feinbewegungseinrichtung und ein leichtes

Stativ, so heißt sie Tachymeterbussole (Bild 49). Das Fernrohr ist vielfach durchschlagbar an der Außenseite des Kompaßgehäuses — also exzentrisch — angebracht. Man erhält den magnetischen Richtungswinkel zum Zielpunkt daher erst aus dem Mittel aus beiden Fernrohrlagen.

Besitzt das Instrument außer dem Kompaß noch einen Horizontalkreis, so hat man ein Bussolentachymeter (Bild 50). Der Horizontalkreis befindet sich gewöhnlich unter dem Kompaß; er wird mit einem Nonius, einem Strichmikroskop, seltener einem einfachen Skalenmikroskop abgelesen; das Fernrohr wird durchschlagbar von einem meistens einarmigen Fernrohrträger gehalten. Außerdem sind ein Höhenkreis, Distanzfäden sowie eine Klemm- und Feinbewegungsvorrichtung eingebaut.

Bild 52. Orientierbussole von Fennel.

Die gleichen Möglichkeiten bietet ein Tachymetertheodolit mit einer *Aufsatzbussole.* Diese ist entweder eine Vollkreisbussole (Bild 51) oder eine Orientierbussole (Bild 52). Die *Vollkreisbussole* wird so auf die Fernrohrstützen gesetzt, daß der Teilstrich 0 zum Objektivende des Fernrohrs zeigt

Hersteller	Type	Fernrohr Vergrößerung	Fernrohr Objektivöffnung mm	Kreisdurchmesser horiz. mm	Kreisdurchmesser vert. mm
1	2	3	4	5	6
		(1) Reduktionstachymeter neuerer			
Fennel, Kassel	FTRA	25	40	90	70
Jenoptik, Jena	Dahlta 020	25	40	94	74
Kern, Aarau	K 1—RA	28	45	89	70
Kern, Aarau	DK—RV	27	45	75	50
MOM, Budapest	TA—DI	24	40	77	68
Salmoiraghi, Mailand	Tari 4180	28	40	90	100
Wild, Heerbrugg	RDS	24	40	79	70
Zeiss-Oberkochen	RTa 4	25	40	98	85
		(2) Meßtischausrüstung mit			
Breithaupt, Kassel	Mered	25	40	—	
Fennel, Kassel	Alida	20	36	—	85
Kern, Aarau	RK	27	40	—	50
Wild, Heerbrugg	RK 1	25	40	—	76

Hersteller	Type	Fernrohr Vergr.	Fernrohr Obj. Öffn.	Durchmesser Buss.	Durchmesser Horiz.	Durchmesser Vert.
			(3) Bussoleninstrumente mit			
Wild, Heerbrugg	B 3	2½		65	—	—
Breithaupt, Kassel	Bunom	25	30	80	100	60
Ertel, München	TFB	12	25	85	—	75
Kern, Aarau	TB	24	36	93	—	48
Ertel, München	BT 1	18	25	65	95	70
Wild, Heerbrugg	T 0	20	28	68	(68)	46

Winkelmessung			Distanzmessung			Besonderheiten
	Skalenwert			Kontsanten		
Ablesevorrichtung	Horiz.	Vert.	Bestimmungsart	k_E	k_H	
7	8	9	10	11	12	13
Art für Topographische Aufnahmen						
Skalenmikr.	1^c	1^c	Diagrammkreis	100	10, 20, 50	
Skalenmikr.	1^c	1^c		100	10, 20, 100	
Skalenmikr. oder Strichmikr.	1^c	tan 1^c	Änderung des Strichabstands	100		
Koinzidenzmikr.	1^c	tan 0,001		100		
Skalenmikr.	2^c	2^c	Diagrammkreis	100	20, 50	
Skalenmikr.	1^c	tan 0,001	Tang.-teilung im Gesichtsfeld	100	mit tan.	
Skalenmikr.	1^c	1^c	Diagrammkreis	100	10, 20, 50	
Skalenmikr.	1^c	1^c		100	10, 20, 50	
reduzierender Kippregel						
Skalenmikr.	—	10^c	Diagrammkreis	100		
Nonienmikr.	—	1^c	Hammer-Diagramm	100		
Strichmikr.	—	10^c	Diagrammkreis	100	20, 50, 100	
Skala i. Blickfeld	—	10^c	RDS-Diagr.	100		

Ablesevorrichtung	Schätzung			Distanzmessung	Konstante	
	Buss.	Horiz.	Vert.		k_E	k_H
festeingebauter Bussole						
Schätzung	$0{,}1^g$	—	—	—		
Horiz: Nonien, Vert: Strichmikr.	$0{,}1^g$	2^c	2^c	Reichenbach	100	—
Ablesestrich	$0{,}1^g$	—	$0{,}1^g$	Reichenbach	100	—
Ablesestrich mit Lupe	$0{,}1^g$	—	2^c	Reichenbach	100	—
Ablesestrich mit Lupe	2^c	2^c	2^c	Reichenbach	100	—
Opt. Mikrometer	1^c	2^c	2^c	Reichenbach	100	—

und der Durchmesser durch die Nullmarke der Zielachse des Fernrohrs parallel ist. Die *Orientierbussole* besitzt als Gehäuse einen schmalen Kasten oder eine Röhre, in welchen die Magnetnadel nur über wenige Grade hinweg schwingen kann. Sie wird am Oberbau des Theodolits so befestigt, daß die Linie 0—180° bzw. 0—200^g der Zielachse des Fernrohrs parallel läuft. Beim Gebrauch dreht man den Theodolit so lange, bis die Nadel scharf einspielt; dann kann man den der magnetischen Nordrichtung zukommenden Richtungswert am Teilkreis des Theodolits ablesen. Aus den Unterschieden der magnetischen Nordrichtung gegenüber den Richtungen nach anzuschneidenden Zielen ergeben sich deren magnetische Richtungswinkel.

Die Orientierbussole ist im Gebrauch umständlicher als die Vollkreisbussole. Man erreicht mit ihr jedoch eine Genauigkeit $\pm 1'$, während eine Vollkreisbussole bei der Ablesung an beiden Enden rd. $\pm 6'$ ergibt. Ein Freihandkompaß wird selten mehr als $\pm 5°$ hergeben.

35.2 Die Prüfung der Bussoleninstrumente hat sich auf folgende Punkte zu erstrecken:

a) Die Bussolennadel soll gerade sein und im Mittelpunkt der Teilung schwingen. Unterscheiden die Ablesungen an beiden Nadelenden sich nicht um genau 200^g, so liegt eine Exzentrizität der Pinne oder eine Knickung der Nadel vor, die durch Ablesung an beiden Nadelenden herausfällt.

b) Die Verbindungslinie 0—180° bzw. 0—200^g der Bussolenteilung soll der Visierachse parallel sein. Ist diese Bedingung nicht erfüllt, so liegt ein Zielachsenfehler vor, der durch Beobachtung in zwei Lagen eliminiert oder nach 44.2 unschädlich gemacht werden kann.

c) Die Nadel muß sich leicht auf der Pinne drehen. Zur Prüfung läßt man die Nadel durch Annähern eines Eisenstückes ausschlagen. Nach etwa 10 Schwingungen soll sie zur Ruhe kommen und die Anfangsstellung wieder einnehmen. Bei Abweichungen säubert man zunächst Pinnenspitze und Hütchen. Erforderlichenfalls muß die Pinnenspitze nachgeschliffen und die Nadel ausgewechselt werden.

36 Meßtisch und Kippregel

Der Meßtisch ist das älteste der heute noch gebrauchten Aufnahme-Instrumente. Zur Meßtischausrüstung gehören der Meßtisch und die Kippregel.

36.1 Das Gerät. *Der Meßtisch* besteht aus der Meßtischplatte, dem Meßtischkopf und dem Stativ. Der Meßtischkopf, ein Dreifuß mit einem drehbaren und festzuklemmenden Teller, entspricht dem Unterbau eines Theodolits. Er trägt die aus Holz oder Leichtmetall gefertigte und mit einem maßhaltigen Zeichnungsträger bespannte Meßtischplatte.

Bild 53. Meßtisch mit Reduktionskippregel von Breithaupt.

Die *Kippregel* dient zum Einstellen und Anreißen der Richtungen nach den aufzunehmenden Punkten; sie steht freibeweglich auf dem Meßtisch. Auf ihrer Grundplatte, dem Zeichenlineal, befindet sich die Säule, die das Fernrohr und den Höhenkreis trägt. Das Fernrohr ist durchschlagbar und mit einer Nivellierlibelle versehen.

Zur optischen Distanzmessung besitzen die älteren Kippregeln Distanzfäden. Neuere Kippregeln sind mit automatischen Reduktionseinrichtungen ausgestattet. Bild 54 zeigt die Reduktionskippregel von Kern, die die z. Z. modernste Ausführung darstellt.

Bild 54. Reduktionskippregel von Kern.

Der „Tachymeter-Meßtisch" der Firma Breithaupt besitzt an Stelle der Kippregel ein Tachymeter ohne Fußschrauben, das durch einen Arm rd. 4 dm über der Meßtischmitte gehalten wird und seine Richtungsänderungen durch eine Parallelführung auf das Zeichenlineal überträgt.

An Zubehör zur Kippregel sind gewöhnlich eine Querlibelle, eine Orientierbussole, ein verschiebbares Parallellineal und bei älteren Instrumenten ein Transversalmaßstab vorhanden, die sämtlich am Lineal befestigt sind. Ferner ist eine Dosenlibelle zum Horizontieren und eine Lotgabel zum Zentrieren des Meßtisches beigegeben.

Zu Beginn der Arbeit müssen Meßtisch und Kippregel überprüft und erforderlichenfalls berichtigt werden.

36.2 Prüfung und Berichtigung des Geräts. Der Meßtisch muß so fest stehen, daß ein mit der Kippregel eingestellter Zielpunkt nach mäßigem Niederdrücken der Platte wieder im Fadenkreuz erscheint. Die Platte darf, wenn man ein Stahllineal hochkant darüber hinweg führt, keine Unebenheiten erkennen lassen. Das Lineal der Kippregel muß, was sich durch Umsetzen längs einer feinen Bleistiftlinie prüfen läßt, geradlinig sein.

Nachdem Mängel der vorgenannten Art in der Werkstatt beseitigt sind, kann die Kippregel justiert werden. Dazu hat man die Meßtischplatte mit Hilfe der Querlibelle in zwei senkrecht aufeinanderstehenden Richtungen zu horizontieren und nimmt dann die Berichtigung zweckmäßig in folgender Reihenfolge vor:

a) Zielachsenfehler: Fernes Ziel in Kippachsenhöhe anvisieren und an Linealkante Zielrichtung anreißen, Fernrohr durchschlagen; Kippregel umsetzen und Linealkante scharf an die angerissene Zielgerade anlegen. Die horizontale Abweichung am Zielpunkt entspricht dem doppelten Zielachsenfehler. Eine Hälfte durch Drehen der Meßtischplatte, die andere durch Verschieben des Fadenkreuzes beseitigen.

b) Kippachsenfehler: Hochgelegenen Punkt anzielen und Zielgerade anreißen; Fernrohr durchschlagen, Kippregel umsetzen und an Zielgerade anlegen. Die Abweichung gegen den Zielpunkt ist der verdoppelte Einfluß des Kippachsenfehlers. Eine Hälfte durch Drehen der Meßtischplatte beseitigen, die andere Hälfte, wenn am Kippachsenlager eine Berichtigungsschraube vorhanden ist, durch deren Betätigung ausschalten. Fehlt die Schraube, so hat man die ganze Tragsäule mit der dafür vorgesehenen Neigungsschraube zu kippen.

c) Indexabweichung: Zielpunkt in beiden Fernrohrlagen bei einspielender Höhenzeigerlibelle mit Mittelfaden einstellen und Vertikalkreis ablesen. Sollablesung durch Abstimmen auf 400^g ermitteln und durch Betätigen der Höhenzeigerfeinbewegungsschraube einstellen. Libelle mit Berichtigungsschrauben zum Einspielen bringen.

d) Fernrohrlibelle: Nicht zu weit entfernte Nivellierlatte in beiden Fernrohrlagen bei einspielender Libelle ablesen. Arithmetisches Mittel beider Ablesungen einstellen. Libelle mit Berichtigungsschraube zum Einspielen bringen.

e) Bussolenfehler wie beim Bussolentheodolit feststellen und beseitigen [35.2].

37 Tachymeter mit Basis im Stand des Beobachters

37.1 Geräte mit konstanter Basis. Bei Geräten dieser Art entwerfen zwei an den Enden der Basis angebrachte Objektive je ein Bild eines am Ziel befindlichen Gegenstandes. Die beiden Bilder werden über Spiegel- oder Prismensysteme in ein gemeinsames Okular geleitet und dort mittels eines durch eine Meßschraube zu bewegenden optischen Mittels (Planplatte, Drehkeil, Schiebelinse u. dgl.) zur Koinzidenz gebracht. Die Entfernung kann an einer an der Schraubentrommel befindlichen Skala abgelesen werden. Der Zielraum braucht dabei nicht betreten zu werden; das Gerät wird daher vorwiegend für militärische Zwecke verwendet*). Für geodätische Zwecke sind die Geräte mit kleiner Basis zu ungenau und die mit großer Basis zu schwerfällig. Auch ist meistens weder ein Horizontal- noch ein Vertikalkreis vorhanden.

37.2 Geräte mit veränderlicher Basis. Auch diese Geräte können nur beschränkten Genauigkeitsansprüchen genügen. Die erste moderne Ausführung ist der in den 30er Jahren von der Firma Carl Zeiss in Jena entwickelte *Einstandentfernungsmesser Teletop*, in dem ein Basisentfernungsmesser mit einer Fernrohrbussole und einem Höhenkreis vereinigt ist. Der Basisentfernungsmesser (Bild 55) besteht aus einem kurzen gebrochenen Fernrohr und einem in mm eingeteilten 30 cm langen Basislineal, auf dem sich zwei Rechtwinkelprismen befinden; das erste, dem ein flacher Keil vorgeschaltet ist, ist fest eingebaut, während das zweite in der Basisrichtung hin und her bewegt wird. Ein vom Okular ausgehender Strahl wird durch das feste System um den Winkel $(100^g + \gamma)$, durch das bewegliche dagegen um den Winkel 100^g abgelenkt, so daß beide Strahlen sich unter dem Winkel γ schneiden.

Der Beobachter visiert das Ziel, das ein einfacher Fluchtstab sein kann, durch das Fernrohr zunächst über das feste System an; dann sucht er das Ziel über die Optik des zweiten

*) Günther, Norbert, Fernoptische Beobachtungs- und Meßinstrumente. Stuttgart 1959.

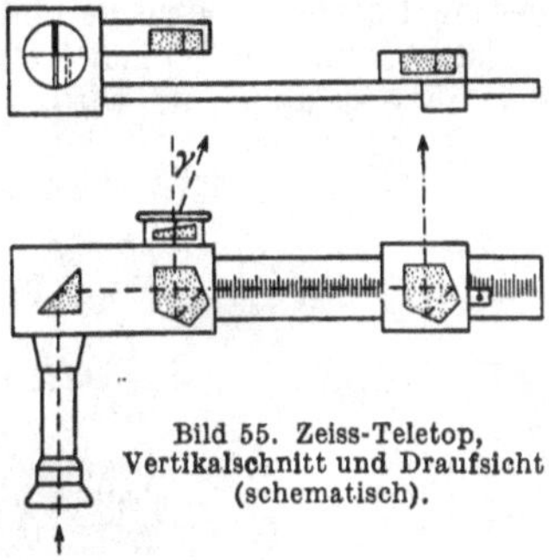

Bild 55. Zeiss-Teletop, Vertikalschnitt und Draufsicht (schematisch).

Bildes und bewegt den Schieber so lange hin und her, bis die beiden Bilder koinzidieren. Schließlich liest er am Basislineal die Länge der Basis ab und errechnet die zugehörige Entfernung, indem er die Basis mit der auf der Keilfassung angegebenen Verhältniszahl multipliziert. Dem Instrument sind mehrere Keile mit verschiedenen Keilwinkeln und Verhältniszahlen beigegeben, über deren Meßbereich nebst der zu erwartenden Genauigkeit die Firma die nachstehend auszugsweise mitgeteilten Angaben macht:

Meßkeil	Meßbereich	Meßgenauigkeit in % der Entfernung
1 : 250	4— 75 m	± 0,3%
1 : 500	8—150 m	± 0,5%
1 : 1000	15—300 m	± 1%

In jüngster Zeit hat Jenoptik daraus das Basis-Reduktions-Tachymeter BRT 006 mit Doppelbildablesung und Reduktionseinrichtung (vgl. Band II 23) entwickelt. Dieses Instrument ist jedoch für tachymetrische Aufnahmen zu aufwendig.

Im *Distanzmesser Todis* der Firma Breithaupt in Kassel sind ein einfacher Nonientheodolit und ein Basisentfernungsmesser vereinigt. Auf dem Unterbau des Theodolits ist eine nach beiden Seiten um rd. 35 cm überstehende Basis auf zwei Ringen so befestigt, daß man die Basis und das Ziel durch Drehen um die Ringachse in eine Ebene bringen kann. Auf jedem der beiden Basisarme befinden sich in je einem Schieber ein Rechtwinkelprisma und ein Distanzkeil, über die der Zielstrahl um den Winkel ($100^g + \delta$) bzw. ($100^g + \varepsilon$) nach der Mitte zu abgelenkt wird, so daß die Strahlen sich unter

Bild 56. Breithaupt-Todis.

dem Winkel $\gamma = \delta + \varepsilon$ schneiden. Man erhält daher über einer im Vergleich zum Teletop verdoppelten Basis zwei symmetrisch zueinander liegende Bilder eines am Ziel aufgestellten Stabes, die man zur Deckung bringen muß. Richtung und Höhenunterschied werden mit dem Theodolitfernrohr eingestellt und am Horizontalkreis bzw. an der Bussole und am Vertikalkreis abgelesen. Dem Instrument sind drei Keilpaare beigegeben, mit denen unter günstigen äußeren Umständen folgende Genauigkeiten erzielt werden können:

Keilpaar	Meßbereich	Meßgenauigkeit in % der Entfernung
1 : 100	10— 75 m	± 0,1
1 : 200	15—150 m	± 0,2
1 : 500	bis 400 m	± 0,8

Unter weniger günstigen Umständen muß bei den längeren Strecken mit Fehlern von 1 bis 2% gerechnet werden. Da außer dem Beobachter nur e i n Meßgehilfe erforderlich ist, empfiehlt das Gerät sich u. a. für Aufnahmen auf Expeditionen.

4 Tachymetrische und topographische Aufnahmeverfahren

41 Höhenlinien und Geländedarstellung

Als Grundlage für die Anlage von Eisenbahnen, Straßen, Wasserläufen, Brücken, Staudämmen, Kraftwerken und ähnlichen Ingenieurbauten werden Pläne in den Maßstäben 1 : 500, 1 : 1000 bis 1 : 2500 benötigt, die den Grundriß enthalten und das Gelände in Höhenlinien wiedergeben. Die Geländedarstellung in Höhenlinien gehört ferner zum hauptsächlichsten Inhalt der topographischen Karten in den Maßstäben 1 : 5000 bis etwa 1 : 50000.

Die Höhenlinien, auch Schichtlinien, Niveaukurven oder Isohypsen genannt, sind Kurven, die Punkte gleicher Meereshöhe miteinander verbinden. Ihre Projektion auf die horizontale Kartenebene ergibt die Höhenliniendarstellung oder das Höhenlinienbild. Die Höhenlinien erfüllen zwei Aufgaben: Sie veranschaulichen die Geländeverhältnisse und geben dem Benutzer die Möglichkeit, die Meereshöhen von Geländepunkten aus der Karte zu entnehmen.

Die Höhenlinien sind fiktive Linien, die in jedem ihrer Punkte rechtwinklig zur Richtung des stärksten Gefälles verlaufen. Je enger sie in der Darstellung aneinanderliegen, um so stärker ist das Gelände geneigt. Der lotrechte Abstand zweier benachbarter Höhenschichten heißt die Schichthöhe oder die Äquidistanz. Die Schichthöhe ist abhängig vom Maßstab und von der Geländeneigung. Für die größeren Maßstäbe gilt im Flach- und Hügelland die Faustformel *Schichthöhe in* m *gleich Maßstabszahl durch* 1000, was für den Maßstab 1 : 5000 die Schichthöhe 5 m, für den Maßstab 1 : 1000 die Schichthöhe 1 m ergibt. In den topographischen Karten des Gebirges wählt man als Schichthöhe 10, 20, 50 oder 100 m. Fallen bemerkenswerte Bodenformen zwischen die Höhenlinien, so müssen Hilfshöhenlinien mit geringerer Schichthöhe eingezogen werden. Künstliche Oberflächenformen wie Böschungen, Einschnitte, Gräben u. dgl. lassen sich durch

Höhenlinien nur unvollkommen zur Darstellung bringen. In solchen Fällen verwendet man besser Böschungsstriche, die man durch Zahlenangaben ergänzt.

Die Höhenlinien lassen sich in geneigtem Gelände am besten mit Hilfe photogrammetrischer Auswertegeräte erfassen, in denen man die im Gesichtsfeld des Geräts vorhandene Marke bei festgehaltener Höheneinstellung am Geländemodell entlangführen kann*). Man gewinnt dabei kontinuierliche Linien, die weitgehend unabhängig voneinander sind. Eine photogrammetrische Aufnahme lohnt sich jedoch wegen der hohen Flugkosten nur bei größeren Objekten. Für Arbeiten kleineren und mittleren Umfangs und zur Aufnahme von Gebieten, die z. B. wegen dichten Waldbestandes von der Luft aus nicht erfaßt werden können, sowie für die Höhenaufnahmen im Flachland ist man daher nach wie vor auf eine terrestrische Aufnahme angewiesen. Gewöhnlich bestimmt man dabei eine Anzahl charakteristischer Geländepunkte nach Lage und Höhe und interpoliert die Höhenlinien zwischen ihnen auf den in Band I 74.3 geschilderten Wegen. Bei diesem Verfahren sind benachbarte Höhenlinien nicht unabhängig voneinander.

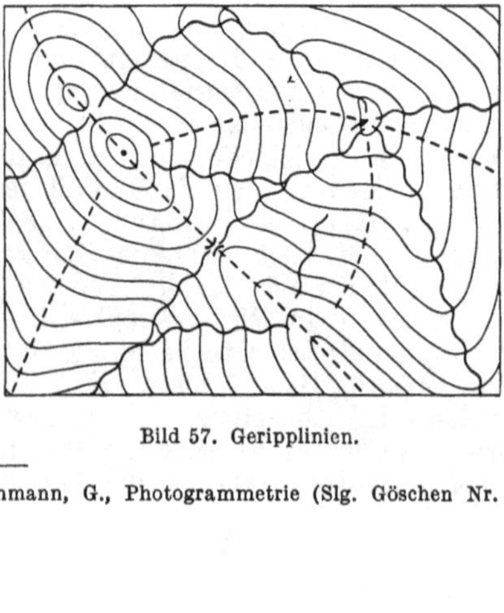

Bild 57. Gerippliniell.

*) Vgl. Lehmann, G., Photogrammetrie (Slg. Göschen Nr. 1188/1188a).

Für die Auswahl der Geländepunkte verschafft man sich zunächst einen Gesamtüberblick über das aufzunehmende Gelände, um dessen charakteristische Formen zu erfassen. Dann sucht man die Geripplinien auf; das sind die Rückenlinien, die im allgemeinen mit den Wasserscheiden zusammenfallen, und die Tallinien, die in den Talsohlen verlaufen. Die höchsten Punkte der Rückenlinien sind die Kuppen, die niedrigsten der Tallinien die Mulden. Rücken- und Tallinien schneiden einander in Sattelpunkten. Man erfaßt ferner die Linien des Gefällwechsels, vor allem an den Hängen der Berge und den Rändern der Täler, und nimmt schließlich die Kanten der natürlichen oder künstlichen Steilabfälle, der Wasserrisse, der Dämme u. dgl. auf. Alle angemessenen Punkte sollen auf dem gewachsenen Boden liegen.

Der Abstand der aufzunehmenden Punkte richtet sich hauptsächlich nach den Geländeformen. Er hängt aber auch ab von dem Maßstab des verlangten Plans, der seinerseits in einer bestimmten Relation zu der verlangten Genauigkeit steht. In den Maßstäben 1 : 5000 bis 1 : 2500 schwankt die Punktdichte von 300 bis zu 700 Punkten je 1 km², was im Mittel (d. h. bei 500 Punkten) eine durchschnittliche Punktentfernung von rund 45 m in der Natur bedeutet. Bei 1 : 1000 geht man bis zu 2500 Punkten bzw. 20 m Punktabstand. In der Regel kommt der erfahrene Aufnehmer mit verhältnismäßig wenig Punkten aus, während der Anfänger dazu neigt, möglichst viel aufzunehmen.

Bei den technischen Verfahren, nach denen die Geländepunkte aufgemessen und die Höhenlinien konstruiert werden, unterscheidet man die Theodolit- oder Kreistachymetrie, die Bussolentachymetrie und die Meßtischaufnahme. Bei den beiden erstgenannten Verfahren, die man auch unter dem Namen Zahlentachymetrie zusammenfaßt, werden die Lage und die Höhe der Geländepunkte zahlenmäßig festgelegt und die Höhenlinien nach Beendigung der Feldarbeit im Büro entworfen. Bei der Meßtischaufnahme legt man Lage und Höhe der Punkte in der Örtlichkeit auf einem maßstäblichen Plan fest und konstruiert die Höhenlinien im Anblick des Geländes. Vgl. hierzu 43 letzter Absatz.

42 Geländeaufnahme mit Kreistachymetern

42.1 Die Aufnahmegrundlagen. Höhenlinienpläne sind oft in Gebieten zu fertigen, in denen ein dem geforderten Maßstab etwa entsprechender Grundrißplan vorhanden ist. Man hat dann lediglich die Geländeformen zu erfassen. Dazu sucht man die für die Oberflächengestaltung charakteristischen Punkte auf, legt sie im Grundrißplan fest und ermittelt ihre Höhe in flachen Gebieten nivellitisch, in bewegtem Gelände tachymetrisch.

Wenn ein Grundrißplan fehlt oder der vorhandene zu klein oder zu unvollständig ist, müssen die Lage und die Höhe der Geländepunkte tachymetrisch ermittelt werden. Als Grundlage für die Aufnahme wird ein Festpunktrahmen benötigt, in dem möglichst jeder Festpunkt nach Lage und Höhe bestimmt sein soll. Ist das aufzunehmende Gebiet sehr ausgedehnt, so bilden den äußeren Rahmen gewöhnlich einige ihrer Höhe nach bekannte Dreieckspunkte. Diese verbindet man durch Polygonzüge oder Haupttachymeterzüge, deren Brechpunkte auch der Höhe nach bestimmt werden. Nach Möglichkeit sollen alle Festpunkte auch Tachymeterstandpunkte sein; sie sind daher so auszuwählen, daß von ihnen aus die Richtungen, Entfernungen und Höhenunterschiede nach den umliegenden Grenz- und Geländepunkten beobachtet werden können. Die von dort aus nicht erfaßbaren Flächen werden durch Nebenzüge und kurze Stichzüge oder durch Bussolenzüge [43] erschlossen. Da die Reichweite eines Tachymeters bei größeren Genauigkeitsansprüchen (Feintachymetrie) kaum über 120 m hinausgeht, sollen die Tachymeterstandpunkte nicht mehr als 150—200 m voneinander entfernt sein. Bei bandförmigen Aufnahmen (Verkehrswege usw.) bildet gewöhnlich ein Polygon- oder Haupttachymeterzug das Rückgrat der Aufnahme.

42.2 Messen und Berechnen der Tachymeterzüge. Tachymeterzüge werden wie Polygonzüge nach Möglichkeit beiderseits an übergeordnete Punkte angeschlossen. Die Haupttachymeterzüge mißt man gewöhnlich vor Beginn der Geländeaufnahme mit der höchsten tachymetrisch erreichbaren Genauigkeit, während die Elemente der Nebenzüge zusammen mit den Polarkoordinaten der Geländepunkte [42.3] und mit derselben Genauigkeit wie diese beobachtet werden.

Bei der *Messung der Haupttachymeterzüge* werden wie im Zahlenbeispiel auf S. 91 die Brechungswinkel β_i zweckmäßig in beiden Fernrohrlagen beobachtet. Die Seiten s_i werden mit einem der in 32 und 34 beschriebenen Distanzmesser optisch gemessen und zur Kontrolle im Vor- und Rückblick beobachtet. Seiten über 100 m unterteilt man nach dem in Band II Bild 41 angedeuteten Verfahren der doppelten Wechselpunkte.

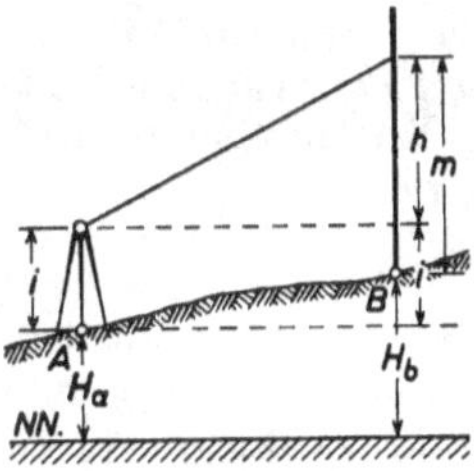

Bild 58.

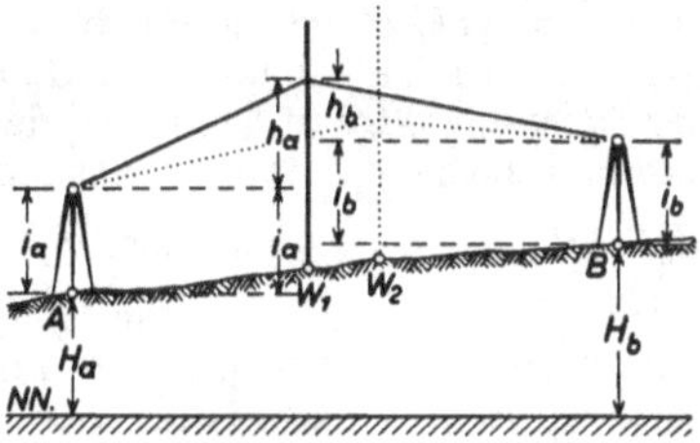

Bild 59.

Die Höhenunterschiede werden zusammen mit den Seiten entweder im Vor- und Rückblick oder über (doppelte) Wechselpunkte beobachtet. Im Bild 58, das den erstgenannten Fall darstellt, sind H_a und H_b die NN-Höhen von Stand- und Zielpunkt; ferner ist i die Höhe der Kippachse über dem Bodenpunkt und h der Höhenunterschied zwischen der Kippachse und der mit dem Mittelfaden m des Fadenkreuzes bzw. mit dem Grundkreis g des Diagrammtachymeters an der Ziellatte eingestellten Ablesung. Also ist der Höhenunterschied der Bodenpunkte

$$H_b - H_a = h + (i - m) \text{ bzw. } H_b - H_a = h + (i - g) \quad (1)$$

Stellt man an der Latte das Maß i ein, so entfällt der Klammerausdruck; er entfällt ferner, wenn bei Tachymeterlatten mit ausziehbarem Fuß die Nullmarke der Latte auf die Höhe i gebracht wird. Ist beides infolge von Geländehindernissen oder aus apparativen Gründen nicht möglich, stellt man an der Latte zweckmäßig für m bzw. g einen Wert ein, der sich von i um einen runden Betrag unterscheidet.

Muß die Strecke durch einen Wechselpunkt W_1 unterteilt werden, so ziele man wie im Bild 59 von A und B aus denselben Strich der Latte an und hat dann

$$H_b - H_a = (h_a + i_a) - (h_b + i_b). \tag{2}$$

Zur Kontrolle kann man Entfernung und Höhenunterschied der Standpunkte über einen zweiten Wechselpunkt W_2 bestimmen. Ist die Sollhöhe eines oder beider Zugendpunkte nicht bekannt, so gewinnt man sie an Hand von Bild 58, wenn für den Augenblick unter H_a die nicht bekannte Höhe des Zugendpunktes und unter H_b die NN-Höhe eines benachbarten Höhenfestpunktes verstanden wird, aus

$$H_a = H_b - h - (i - m) \text{ bzw. } H_a = H_b - h - (i - g). \tag{3}$$

Die *Berechnung der Haupttachymeterzüge* beginnt mit dem Ausarbeiten der Messungsniederschrift. Zuerst berechnet man auf allen Punkten die Mittelwerte der Brechungswinkel (im Beispiel auf S. 87 eingerahmt); dann bildet man nach 32.4, 34.3 oder 34.4 die horizontalen Entfernungen und die Höhenunterschiede*) und vermerkt in der Niederschrift (eingerahmt) die Mittel aus Vor- und Rückblick.

Die Lagekoordinaten der Standpunkte werden aus Brechungswinkel und Entfernungen nach Band II 33.2 berechnet. Ist einigermaßen sorgfältig gemessen worden, so werden die Winkelabschlußfehler kaum größer sein als die von Nebenpolygonzügen [Band II 34.2], und die Längsverfehlung [Band II 34.1] wird $\pm$ 1.5 m $\sqrt{s_{\mathrm{km}}}$ nicht übersteigen.

Die NN-Höhen der Standpunkte werden in einer zusätzlichen Spalte entweder in der Messungsniederschrift oder im

*) Die Tafelwerke und Formeln zur Berechnung des Höhenunterschiedes setzen überwiegend als Eingänge Höhenwinkel (nicht Zenitdistanzen) voraus; soweit Zenitdistanzen beobachtet sind, müssen diese also zuvor in Höhenwinkel umgerechnet werden. Negativen Höhenwinkeln entsprechen negative Höhenunterschiede.

Zahlenbeispiel: Messung eines Haupttachymeterzuges mit Tachymetertheodolit.

Std.-pkt.	Ziel-pkt.	Horizontalkreis		Lattenablesung		schräge Strecke	Vertikel-kreis	Ent-fernung	Höhen-untersch.
		Brechungswinkel		o_1	o_2	$100 \cdot l_m$	z_I		$i - m$
		I. Lage	II. Lage	u_1	u_2	ΔE	z_{II}	E	h
		β Mittel		$l_1 = o_1 - u_1$	$l_2 = o_2 - u_2$	S	α	E Mittel	ΔH Mittel
(i)	(m)	g		m	m	m	g	m	m
	A								
⊙ 1	(—)	2,180	202,112						
		276,482	76,405	1,769	1,8	56,80	105,88		— 0,02
(1,48)	2	274,302	274,293	1,2	1,233	+ 0,06	294,13	56,38	— 5,22
	(1,5)	274,2975		0,569	0,567	56,86	— 5,88	56,30	— 5,22
				1,668	1,7	56,65	94,11		+ 0,00
	1			1,1	1,135	+ 0,06	305,90	56,22	+ 5,22
⊙ 2	(= i)	0,690	5,307	0,568	0,565	56,71	+ 5,90		
		118,442	123,058	1,756	1,8	75,70	104,13		+ 0,00
(1,40)	3	117,752	117,751	1,0	1,042	+ 0,10	295,89	75,49	— 4,89
	(= i)	117,7515		0,756	0,758	75,80	— 4,12	75,58	— 4,92
				1,859	1,9	75,90	95,83		— 0,04
	2			1,1	1,141	+ 0,10	304,20	75,67	+ 4,98
⊙ 3	(1,5)	1,003	203,867	0,759	0,759	76,00	+ 4,18		
		226,348	29,221	1,997	2,0	119,30	102,48		+ 0,06
(1,46)	4	225,345	225,354	0,8	0,811	+ 0,25	297,56	119,37	— 4,61
	(1,4)	225,3495		1,197	1,189	119,55	— 2,46		

Polygonzugsformular berechnet. Dazu addiert man die gemittelten Höhenunterschiede für den ganzen Zug und stellt die Summe dem Soll-Höhenunterschied von Anfangs- und Endpunkt gegenüber. Tritt dabei kein größerer Abschlußfehler auf als etwa $\pm$ 0,2 m $\sqrt{s_{km}}$, so wird dieser proportional den Seitenlängen auf die Höhenunterschiede verteilt, und die verbesserten Höhenunterschiede werden von Punkt zu Punkt aufaddiert. Dabei ergibt sich die Rechenprobe, daß am Schluß die Sollhöhe des Abschlußpunktes herauskommen muß.

Reihenfolge der Eintragungen auf ⊙ 2 bei Tachymetertheodoliten:

a) Horizontalwinkelmessung: Beobachten der Richtungen nach ⊙ 1 und ⊙ 3 in beiden Fernrohrlagen; aus der Differenz der gemittelten Richtungen den Brechungswinkel berechnen und eingerahmt eintragen.

b) Entfernungs- und Vertikalwinkelmessung rückwärts: 1. Zum Bestimmen der Entfernung nach ⊙ 1 die Kippachsenhöhe i messen und in der 1. Spalte notieren; dann die Distanzlatte in ⊙ 1 aufhalten lassen und den Mittelfaden an der Latte roh auf den Wert i einstellen. Nunmehr zuerst den unteren Faden auf die nächste volle Dezimetergrenze führen und den Oberfaden ablesen; dann den Oberfaden auf die nächste Dezimetergrenze bringen und den Unterfaden ablesen. Die beiden Lattenabschnitte bilden und eintragen; die Differenz soll höchstens 2 mm betragen.

2. Zum Bestimmen des Vertikalwinkels nach ⊙ 1 in der I. Fernrohrlage (Kreis links) den Mittelfaden an der Latte genau auf den Wert i oder einen von i um einen runden Betrag abweichenden Wert m einstellen und in der 2. Spalte notieren; Höhenzeigerlibelle einspielen lassen und Vertikalwinkel ablesen; nach 13.2 „zweiter Weg" z berechnen und $\alpha = 100\text{-}z$ eintragen.

c) Entfernungs- und Vertikalwinkelmessung vorwärts: Verfahre wie unter b) 1. und b) 2.

d) Berechnen von E und h nach 32.4, 34.3 oder 34.4 und 42 (1) u. (2) beachten; Ergebnisse mit Gegenvisur mitteln und eingerahmt eintragen.
Die Reihenfolge der Eintragungen für Reduktionstachymeter geht unschwer aus dem Zahlenbeispiel auf S. 95 hervor.

42.3 **Aufnehmen der Geländepunkte.** Auf den Brechpunkten der Tachymeterzüge werden die Richtungen, Entfernungen und Vertikalwinkel bzw. die Höhenunterschiede nach den gem. 41 ausgewählten Geländepunkten und zusammen mit ihnen die entsprechenden Elemente der Nebenzüge beobachtet (siehe die Zahlenbeispiele auf S. 94 und S. 96). Dabei sucht man mit möglichst wenig Messungsdaten auszukommen. Für den Maßstab 1 : 1000 werden Horizontalkreis und Vertikalkreis in nur einer Lage auf höchstens $0{,}01^g$ beobachtet. Die Ziellatten zielt man, indem man unterstellt, daß die Instrumentenhöhe i im Durchschnitt 1,40 m beträgt, in 1,40 m Höhe an und liest sie auf 1 mm oder 0,5 cm ab; bei Aufnahmen für 1 : 5000 und kleiner genügen $0{,}1^g$ bzw. 1 cm.

An Stelle der Brechungswinkel kann man auch die Richtungswinkel beobachten (vgl. Zahlenbeispiel S. 94). Dazu stellt man auf dem Anfangspunkt mit Hilfe der Repetitionseinrichtung den — aus Koordinaten errechneten bzw. bei der Berechnung eines übergeordneten Zuges erhaltenen — Sollrichtungswinkel der Anschlußseite ein; dann sind die Visuren nach dem nächsten Zugpunkt und den Geländepunkten sogleich die (geodätischen) Richtungswinkel. Entsprechend stellt man auf dem nachfolgenden Standpunkt als Rückblick den auf dem vorangegangenen Standpunkt erhaltenen Vorblick $\pm$ 200^g ein und hat dann am Ende des Zuges die Probe, daß als Abschlußrichtung nahezu der bekannte Sollrichtungswinkel der Abschlußseite erscheinen muß.

Anfänger verschaffen sich eine Kontrolle für die Kreisablesungen, indem sie einen ausgezeichneten Strich des Nonius oder der Skala als Hilfszeiger betrachten und die Lage des Hilfszeigers ohne Zuhilfenahme des Nonius oder der Skala am Kreis schätzen, wobei dann das Ergebnis dieser Schätzung von der Hauptablesung um einen nahezu konstanten Betrag abweichen muß. Eine Kontrolle für die Lattenablesung erhält man bei Instrumenten mit 3 Fäden, indem man das Mittel von Ober- und Unterfaden mit der Ablesung am Mittelfaden vergleicht.

Wie beim Haupttachymeterzug werden die Höhenunterschiede h_i zwischen Stand- und Zielpunkt in der Feldschrift berechnet. Dabei wird ebenfalls Gl. (1) zugrunde gelegt; doch wird $(i - m)$ bzw. $(i - g) < 0{,}10$ m vernachlässigt.

Außer der Messungsniederschrift wird im Felde ein Handriß nach dem Muster des Bildes 60 geführt, in dem die eingemessenen Punkte ungefähr maßstäblich eingetragen werden. Man zeichnet ferner die Rückenlinien (gestrichelt), die Tallinien (geschlängelt) und die Richtungen des stärksten Gefälles ein; man deutet an charakteristischen Stellen die Geländeformen durch Leitkurven an und vermerkt schließlich die Böschungen (erforderlichenfalls nebst ihrer Höhe), die Gräben, die Stützmauern u. dgl. Ein guter Feldhandriß ist für das Entwerfen des Höhenlinienplans nicht weniger wichtig als die Punktaufnahme.

Zahlenbeispiel: Aufnahme von Geländepunkten mit Tachymetertheodolit.

Zielpunkt	Lattenablesung		Lattenabschnitt	Horiz. Kreis	Vertik. Kreis	Entfernung	Höhenunterschied	Höhe
	o u	m $^1/_2(o+u)$	$l = o - u$ $100l + \Delta E$	Richtg. r	z α	 E	$(i - m)$ h	 H
	m	m	m	g				
26			Standpunkt 27	69,25	$i = 1{,}42$			114,64
1	1,837 0,965	1,4 1,401	0,872 87,60	 49,25	97,65 +2,35	 87,5	0,0 +3,2	 117,8
2	1,613 1,188	1,4 1,400	0,425 42,72	 125,41	94,32 +5,68	 42,4	0,0 +3,8	 118,4
3	1,753 1,049	1,4 1,401	0,704 70,73	 196,17	102,16 −2,16	 70,6	0,0 −2,4	 112,2
4	2,581 2,018	(2,3) 2,300	0,563 56,57	 215,25	93,19 +6,81	 55,9	−0,9 +5,9	 119,6

Messungen mit Reduktionstachymeter (Wild RDS)

Zahlenbeispiel: Haupttachymeterzug.

Std.-pkt.	Ziel-pkt.	Brechungswinkel I. Lage	Brechungswinkel II. Lage	e-Kurve / h-Kurve / g-Kurve	$e-g$ / c_h / $h-g$	ΔE / E / E Mittel	$i-g$ / $(h-g)\cdot c_h$ / ΔH Mittel
		β Mittel					
(i)		g		m	cm	m	m
	23						
		0,707	200,708				
⊙ 1		195,612	395,614	2,042	69,2	+0,08	+0,02
(1,37)	2	194,905	194,906	1,802	—0,1	69,28	—4,52
		194,9055		1,35	45,2	69,23	—4,50
				2,091	69,1	+0,08	+0,01
	1			1,849	+0,1	69,18	+4,49
		1,335	201,758	1,4	44,9		
⊙ 2		199,990	0,421	1,767	66,7	+0,07	+0,30
(1,40)	3	198,655	198,663	1,559	—0,2	66,77	—9,18
		198,6590		1,1	45,9	66,82	—8,88
				1,868	66,8	+0,07	+0,23
	2			1,633	+0,2	66,87	+8,66
		0,050	200,047	1,2	43,3		
⊙ 3		272,544	72,550				
(1,43)	4	272,494	272,503				

Zahlenbeispiel: Aufnahme von Geländepunkten.

Ziel-pkt.	Richtg. r	$E = 100 \cdot l_e$	$100 \cdot l_h$	c_h	$h = c_h \cdot 100\, l_h$	H
	g	m	m	Konst.	m	m
	Standpunkt 27		$i = 1{,}45 = g$			183,04
26	0,00					
1	24,65	37,4	20,2	+ 0,1	+ 2,02	185,06
2	86,50	49,5	13,9	− 0,1	− 1,49	181,55
3	139,69	17,2	8,0	+ 0,2	+ 1,60	184,64
4	175,58	11,7	14,5	− 0,5	− 7,25	175,79

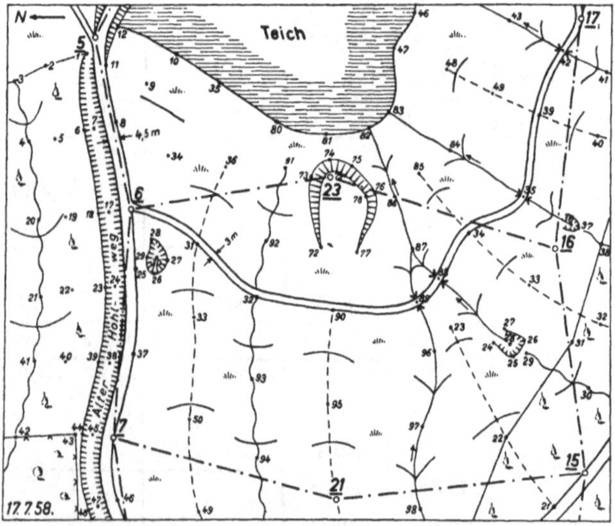

Bild 60. Feldhandriß.

42.4 Auftragen der Geländepunkte. Nachdem die nach Koordinaten bestimmten Tachymeterstandpunkte in einem mit einem Quadratnetz versehenen Plan aufgetragen sind, werden die Nebenzüge mit Transporteur und Maßstab auf Pauspapier gezeichnet und unter graphischer Verteilung der Abschlußdifferenzen zwischen den Anschlußpunkten eingepaßt und durchgestochen. Von den so gewonnenen Standpunktbildern aus werden die Richtungen und Entfernungen nach den Geländepunkten abgesetzt; ferner wird neben jedem Punkt seine auf dm abgerundetete NN-Höhe vermerkt.

Für das Auftragen der Richtungen und Entfernungen gibt es zahlreiche Kleingeräte, die einen Winkeltransporteur mit einem Maßstab vereinigen. Als Beispiele seien der *Tachymetertransporteur* (Bild 61) und der *Polarkartierer* der Firma Dennert und Pape genannt.

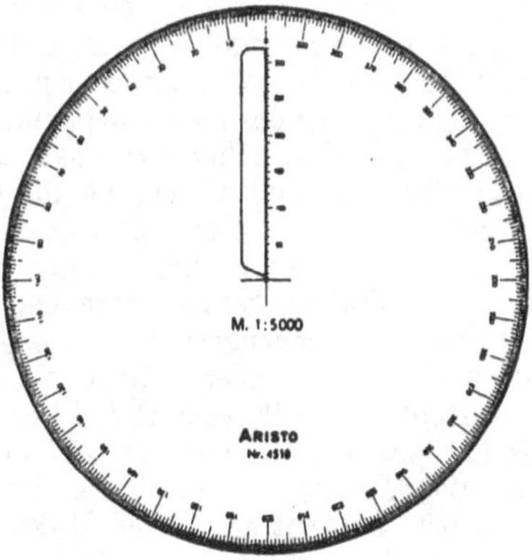

Bild 61. Tachymetertransporteur von Dennert und Pape.

Nach dem Kartieren der Einzelpunkte wird der Grundriß zunächst in Bleistift gezeichnet; gleichzeitig werden unter sorgfältiger Beachtung des Feldhandrisses die Höhenlinien nach der in 41 gegebenen Anleitung entworfen. Schließlich wird im Anhalt an Band I 33 eine Reinzeichnung hergestellt.

43 Die topographischen Aufnahmeverfahren*)

Der Zweck einer tachymetrischen Geländeaufnahme ist in der Regel die Herstellung einer Unterlage für ein Ingenieurbauwerk, nach der die günstigste Lage des Bauwerks ermittelt und ein Überblick über die Erdbewegungen gewonnen werden kann. Demgegenüber soll eine topographische Aufnahme eine lebendige Darstellung eines Teils der physikalischen Erdoberfläche vermitteln. Der Unterschied beider Aufnahmearten spricht sich schon im Maßstab aus. Die obere Grenze eines tachymetrischen Plans liegt im allgemeinen bei 1 : 2500, während als untere Grenze der topographischen Karten der Maßstab 1 : 5000 gilt. Die Eigenart der Aufgaben bringt es ferner mit sich, daß man bei der tachymetrischen Aufnahme hauptsächlich an das — eine bestimmte Aufnahmegenauigkeit garantierende — technische Verfahren denkt; dagegen steht bei der topographischen Aufnahme die richtige Erfassung des Geländes im Vordergrund.

Der Topograph hat sich daher zunächst mit dem Gelände zu beschäftigen. Er muß wissen, wie die Oberflächenformen entstanden sind, und dazu muß er die formenbildenden (morphologischen) Kräfte kennen, also auf der einen Seite die aus dem Erdinnern heraus wirkenden (endogenen) Kräfte, denen die Oberflächengestaltung im großen zuzuschreiben ist, und auf der anderen Seite die abtragenden Kräfte, die bestrebt sind, alle schroffen Übergänge auszugleichen, nämlich das Wasser, das Eis und den Wind. Er muß auch mit den Kleinformen und ihren Entstehungsursachen vertraut sein, also mit den Dellen, Nischen und Trichtern, den Dolinen, Terrassenansätzen, Moränenresten und Schuttkegeln, den kleinen Gefällsbrüchen und Böschungsänderungen, schließlich mit dem Wasserhorizont und seinen Quellen und sonstigen Wasseraustritten. Alle diese Erscheinungen muß der Topograph aber auch im Gelände erkennen können, und er muß wissen, wie sie im Höhenlinienbild aussehen**).

*) Vgl. hierzu Heißler V.: Kartographie und Lehmann G.: Photogrammetrie: Slg. Göschen Bd. 30/30a und Bd. 1188/1188a.

**) Deraison, Cours de Géographie Physique et Topologie. Edition Eyrolles. Paris 1964.

Die Technik der topographischen Aufnahme ist von der der tachymetrischen Aufnahme rein äußerlich insofern unterschieden, als der kleinere Maßstab größere Punktabstände bedingt. Der Sache nach kommt es vor allem darauf an, daß die aufzunehmenden Punkte das Gelände an den charakteristischen Stellen erfassen.

Als Aufnahmegerät stehen neben den verschiedenen Kreistachymetern die Bussole und der Meßtisch zur Verfügung. Bei der Aufnahme mit einem Kreistachymeter wird abgesehen davon, daß man Geländepunkte aufnimmt, die bis zu mehreren 100 m vom Stand entfernt sind (Halbdezimeterlatte), nicht anders verfahren als bei tachymetrischen Aufnahmen. Kartiert wird jedoch zweckmäßig nicht erst nach Beendigung der örtlichen Arbeiten, sondern bereits während der Aufnahme an Ort und Stelle. Man gebraucht dazu eine Hilfskraft, die die Ablesungen am Instrument macht, sie niederschreibt und erforderlichenfalls die horizontale Entfernung und den Höhenunterschied berechnet. Der leitende Ingenieur gibt an, welche Punkte aufzumessen sind; er zeichnet sie maßstäblich in einen auf einem Zeichenbrett gespannten Zeichenkarton ein und entwirft danach die Höhenlinien im Anblick des Geländes. Erfahrungsgemäß werden bei diesem in Bayern entwickelten Verfahren weniger, aber zweckmäßigere Punkte aufgenommen und manche Einzelheiten erfaßt, die bei der reinen Zahlenaufnahme leicht übersehen werden.

44 Geländeaufnahme mit dem Bussolentachymeter

Die Geländeaufnahme mit einem Bussolentachymeter [35.1] gehört wie die mit einem Kreistachymeter zu den numerischen Verfahren; dabei werden die Instrumentenstandpunkte, von denen aus die Geländepunkte aufgenommen werden, durch Bussolenzüge bestimmt. Um diese in ein geodätisches Koordinatensystem einzupassen, müssen die Beziehungen zwischen dem magnetischen und dem geodätischen System erörtert werden.

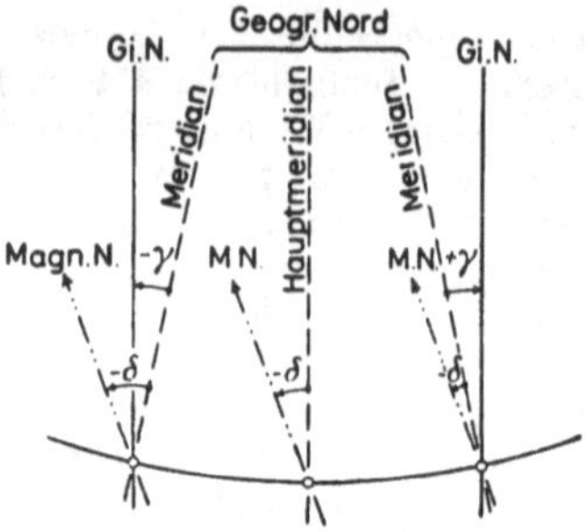

Bild 62.

44.1 Deklination und Nadelabweichung. Da der magnetische Nordpol nicht mit dem geographischen Nordpol zusammenfällt, zeigt die Magnetnadel nicht genau nach Norden, sondern in die Richtung des magnetischen Meridians, die in der geodätischen Praxis kurz als *Magnetisch Nord* bezeichnet wird. Zwischen den Richtungen nach Magnetisch Nord, Geographisch Nord und der nach *Gitter Nord* weisenden Parallelen zum Hauptmeridian des für den Beobachtungspunkt maßgeblichen geodätischen Koordinatensystems [Bd. II 48] bestehen folgende Beziehungen (Bild 62):

a) Der Winkel δ, den die Richtungen nach Magnetisch Nord und nach Geographisch Nord miteinander bilden, heißt die *Deklination.* δ wird von der Richtung nach Geographisch Nord an rechtsläufig gezählt. Liegt das Nordende der Nadel ostwärts der geographischen Nordrichtung, so hat man östliche oder positive Deklination, im entgegengesetzten Falle westliche oder negative Deklination.

b) Der Winkel γ, der im Beobachtungspunkt von den Richtungen nach Geographisch Nord und Gitter Nord gebildet wird, heißt die *Meridiankonvergenz.* Sie wird vom Hauptmeridian an im Uhrzeigersinne gezählt, so daß γ ostwärts des Hauptmeridians positiv, westwärts negativ ist. Genähert ist $\gamma = l \sin \varphi$, wobei l der Längenunterschied des Ortsmeridians gegenüber dem Hauptmeridian und φ die geogr. Breite des Beobachtungspunktes ist.

c) Der Winkel zwischen den Richtungen nach Magnetisch Nord und Gitter Nord heißt die *Nadelabweichung.* Sie ist die Differenz von Deklination und Meridiankonvergenz. Da die Deklination in Deutschland durchweg westlich, also negativ ist, ist die Nadelabweichung in den deutschen Koordinatensystemen absolut betrachtet ostwärts des Hauptmeridians gleich der Summe, westlich des Hauptmeridians gleich der Differenz von Deklination und Meridiankonvergenz.

Die Kurven, die die Orte gleicher magnetischer Deklination miteinander verbinden, heißen *Isogonen.* Sie verlaufen keineswegs geradlinig zum magnetischen Nordpol, sondern sie sind durch regionale oder lokale Einflüsse vielfach gestört. Sie unterliegen ferner fortschreitenden säkularen Änderungen und periodischen täglichen Schwankungen. Die säkulare Änderung vermindert die Deklination in Deutschland um jährlich rund 0,15°. Die tägliche Periode beträgt im Winter rund 4′, an heißen Sommertagen 8′ bis 10′, wobei das Minimum in den Morgenstunden, das Maximum in den Mittagsstunden liegt. Für Deutschland gibt das Erdmagnetische Observatorium in Fürstenfeldbruck eine Isogonenkarte und eine Karte gleicher Nadelabweichungen heraus, beide im Maßstab 1 : 300000. Ferner befinden sich am Rande der meisten amtlichen deutschen Karten Nebenzeichnungen, die für eine bestimmte Epoche die Linien gleicher Nadelabweichung und ihre jährlichen Änderungen enthalten.

44.2 Bestimmen der Mißweisung der Sicht. Die Angaben der Isogonen- und Nadelabweichungskarten sind für die meisten geodätischen Arbeiten nicht genau genug. Bei Bussolenaufnahmen pflegt man daher morgens, mittags und abends auf einem koordinierten Punkt P_1 den magnetischen Richtungswinkel α_m nach einem gleichfalls koordinierten Punkt P_2 mit dem bei der Aufnahme benutzten Bussoleninstrument zu messen und den entsprechenden geodätischen Richtungswinkel α_g aus Koordinaten zu rechnen [Band II 32.3]. Die Differenz $\alpha_g - \alpha_m$, die außer der Deklination und der Meridiankonvergenz noch etwaige Fehler des

Instruments enthält, heißt im geodätischen Sprachgebrauch die Mißweisung der Sicht*). Addiert man diese unter zeitlicher Verteilung der im Laufe des Tages aufgetretenen Schwankungen zu den beobachteten Bussolenrichtungen α_m, so gewinnt man geodätische Richtungswinkel, die eine ausreichende Grundlage für die Berechnung der Bussolenzüge bilden.

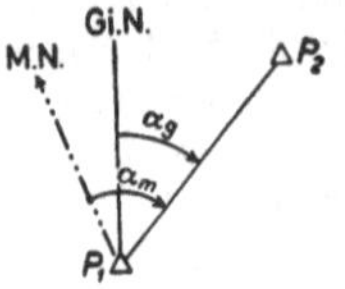

Bild 63.

44.3 Messung und Berechnung der Bussolenzüge. Der Bussolenzug ist ein kurzseitiger Tachymeterzug, bei dem auf den Instrumentenstandpunkten an Stelle der Brechungswinkel die Bussolenrichtungen, d. h. die magnetischen Richtungswinkel der Zugseiten beobachtet werden. Dabei arbeitet man mit sogenannten Sprungständen, d. h. man stellt das Bussolentachymeter nur auf jedem zweiten Punkt auf und beobachtet von dort die Bussolenrichtungen und die Zenitdistanzen nach dem vorhergehenden und nach dem folgenden Punkt. Dadurch ergibt sich, wenn auf den Anschlußpunkten am Anfang und am Ende des Zuges Bestimmungen der Mißweisung gemacht werden, das Grundrißschema Bild 64, in dem auf den Punkten mit ungerader Nummer das Instrument steht, während auf denen mit gerader Nummer ein Fluchtstab bzw. eine Distanzlatte aufzuhalten ist.

Die Seiten und die Zenitdistanzen werden nur einmal gemessen. Wünscht man eine Probe, so benutzt man, wie in Bild 64 punktiert angedeutet ist, doppelte Wechselpunkte.

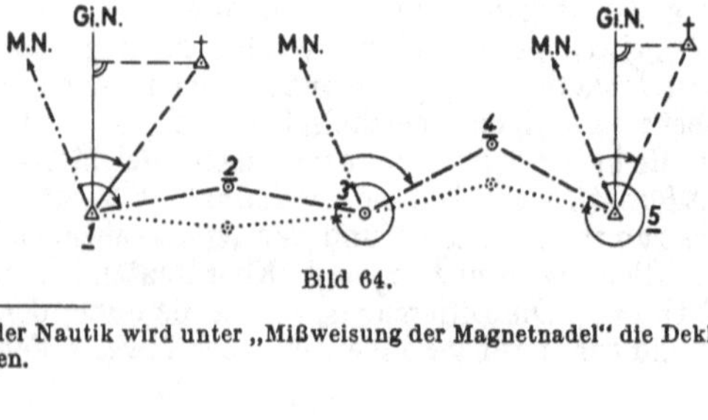

Bild 64.

*) In der Nautik wird unter „Mißweisung der Magnetnadel" die Deklination verstanden.

Wie bei den Tachymeterzügen pflegt man die Lagekoordinaten der hauptsächlichsten Bussolenzüge durch Rechnung zu ermitteln, während die nachgeordneten Züge auf Pauspapier aufgetragen und graphisch eingepaßt werden. Bei der Berechnung der Züge bringt man an den Bussolenrichtungen (bei rückwärtigen Visuren $\pm 200^g$) die Mißweisung an und rechnet den Zug wie einen Polygonzug durch, wobei die Koordinatenabschlußfehler proportional den Seitenlängen verteilt werden. Die Höhen werden ebenso berechnet wie bei den Tachymeterzügen.

Man verwendet die Bussolenzüge gern in unübersichtlichen Gebieten, vor allem in Wäldern mit dichtem Unterholz. Die Geländepunkte werden von den Standpunkten aus nach demselben Verfahren| wie mit dem Kreistachymeter aufgenommen.

44.4 Genauigkeit der Bussolenzüge. Die verhältnismäßig geringe Genauigkeit der Bussolenrichtungen wird zum großen Teil durch eine günstige Fehlerfortpflanzung wettgemacht. Einerseits gibt es beim Verfahren der Sprungstände keine Zentrierungsfehler. Zum anderen verschwenken die Richtungsfehler nicht wie beim Polygonzug den ganzen nachfolgenden Zugteil, sondern nur die betreffende Seite, so daß sie sich nach dem Wurzelgesetz [Band I 14.4] aufsummieren. Da ferner ein Richtungsfehler die Lage eines polarangehängten Punktes um so weniger beeinflußt, je kürzer die Seite ist, wirken die kurzen Seiten (etwa 50 m) sich ebenfalls günstig auf die Fehlerfortpflanzung aus. Wenn schließlich der Beobachter sein Instrumentarium sorgfältig behandelt und die Nähe von ablenkenden eisernen Zäunen, Schienenwegen und Hochspannungsleitungen vermeidet, so kann er damit rechnen, daß die Abschlußfehler nur wenig größer sind als bei den Tachymeterzügen [42.2]).

45 Geländeaufnahme mit Meßtisch und Kippregel

Bild 65.

45.1 Zentrieren und Orientieren des Meßtisches. Auf jedem Standpunkt muß der Meßtisch zentriert, horizontiert und orientiert werden. Es seien A und B zwei Festpunkte, und es seien a und b ihre Bilder auf der Meßtischplatte. Zentrieren in A bedeutet, daß der Kartenpunkt a lotrecht über dem Geländepunkt A liegen muß. Dazu bestimmt man auf dem Meßtisch zunächst die Koordinaten x und y des Mittelpunktes c der Meßtischplatte in Beziehung auf die Bildgerade $a - b$ und setzt x und y im Gelände von A aus in der Richtung nach B ab. Man bekommt so den Geländepunkt C, über dem der Meßtischmittelpunkt c wie üblich mit dem Schnurlot zu zentrieren ist. Auf dem so gewonnenen Standpunkt wird die Meßtischplatte mit Hilfe der beigegebenen Libellen sauber horizontiert. Dann legt man die Kippregelkante an die Punkte a und b an und dreht die Platte so lange, bis im Fadenkreuz der Punkt B erscheint. Die Zentrierung prüft man mit der Lotgabel nach. Zur Verbesserung der Orientierung visiere man mit der Kippregel über a und andere auf dem Meßtisch gegebene Bildpunkte die zugehörigen Festpunkte an und gleiche die Differenzen aus. Schließlich ermittelt man, um die Orientierung auf dem nächsten Stand zu erleichtern, mit Hilfe der Orientierbussole die magnetische Nordrichtung, reißt sie an und schreibt die Uhrzeit daneben.

Die NN-Höhe der Kippachse bestimmt man, wenn die NN-Höhe des Bodenpunktes bekannt ist, durch Heraufmessen; andernfalls muß sie nach dem in 42.2 beschriebenen Verfahren von benachbarten Punkten mit bekannter Höhe hergeleitet werden.

45.2 Bestimmen von Aufnahmestandpunkten. Für die Meßtischaufnahme gebraucht man wie bei der Kreistachymetrie zunächst einen nach Lage und Höhe bestimmten Festpunktrahmen. In diesen Rahmen werden die wichtigsten Instrumentenstandpunkte durch graphisches Einschneiden mit Überbestimmung eingeschaltet. Nachgeordnete Standpunkte können durch einfaches Einschneiden oder durch polares Anhängen bestimmt werden.

Beim *Vorwärtseinschneiden* eines Neupunktes P (Bild 66) müssen mindestens zwei Festpunkte A und B im Gelände und ihre Bilder a und b auf dem Meßtisch gegeben sein. Zu-

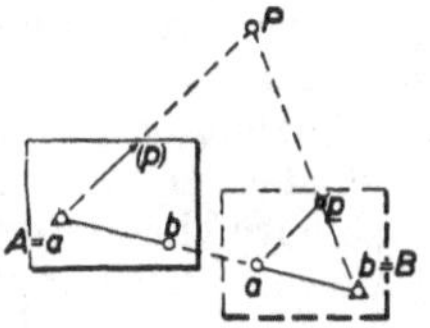

Bild 66.

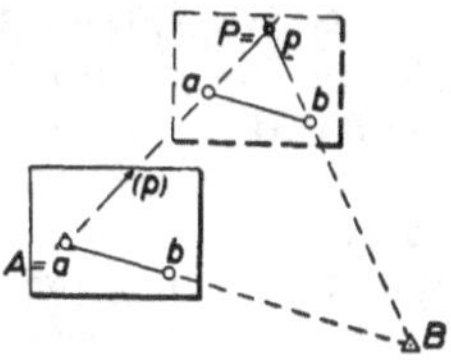

Bild 67.

nächst zentriert man den Meßtisch in A und orientiert ihn nach B. Dann richtet man bei feststehendem Meßtisch die Kippregel, die immer am Bildpunkt a anliegen muß, auf P und reißt die Richtung an. In B orientiert man den Tisch nach A und zeichnet die Richtung nach P ein. Der Punkt, in dem die Richtungsgeraden einander schneiden, ist p. Zur Probe führt man das Verfahren auf mindestens noch einem dritten Festpunkt durch. Entsteht dabei eine fehlerzeigende Figur, so ist deren Schwerpunkt die endgültige Punktlage p. Sind die Meßtischpunkte — z. B. A und B — nicht gegenseitig sichtbar, so kann der Meßtisch auch nach anderen Punkten orientiert werden, die in der Örtlichkeit zu sehen und auf dem Meßtisch eingetragen sind.

Zum *Seitwärtseinschneiden* von P (Bild 67) stellt man den Tisch in A auf, orientiert ihn nach B und zieht die Richtungsgerade nach dem Neupunkt P. Dann bringt man den Tisch nach P, zentriert ihn so, daß ein auf der Papierrichtung a—p gewählter Näherungspunkt p' sich über dem Bodenpunkt P befindet, und orientiert den Tisch nach A. Wird nun die Kippregel um b so lange gedreht, bis B im Fadenkreuz erscheint, so erhält man im Schnitt der beiden Richtungen den gesuchten Neupunkt p.

Zum *Rückwärtseinschneiden* müssen mindestens drei Festpunkte, die möglichst die in Band II Bild 88 angedeutete Lage haben sollen, im Gelände und auf dem Meßtisch gegeben sein. Man befestigt auf der Tischplatte ein Blatt Pauspapier und zieht von einem in der Mitte des Papiers beliebig gewählten Punkt die Richtungslinien nach den Festpunkten (Bild 68). Dann löst man das Pauspapier und verschiebt es auf der Meßtischplatte derart, daß jeder der drei Strahlen durch den ihm entsprechenden Punkt der Zeichnung geht. Diesen Punkt sticht man durch und erhält damit die gesuchte Punktlage auf dem Meßtisch. Zur Probe und zur Sicherung gegen Punktverwechslungen nehme man noch einen vierten Festpunkt hinzu und gleiche kleinere Differenzen nach Augenmaß aus.

Etwas eleganter ist das *Verfahren der fehlerzeigenden Dreiecke.* Man orientiert den Tisch dabei vorläufig mit der Bussole, zieht dann auf dem Meßtisch die Richtungen $A - a$, $M - m$ und $B - b$ (Bild 68) und bringt sie zum Schnitt. War die Orientierung ungenau, so entsteht das Fehlerdreieck lmn (Bild 69). Jetzt wird der Tisch so gedreht, daß bei Wiederholung der Messung das umgeschlagene Fehlerdreieck $l'\,m'\,n'$ erhalten wird. Der Schnitt der Verbindungslinien ll', mm' und nn' stellt die endgültige Punktlage p dar.

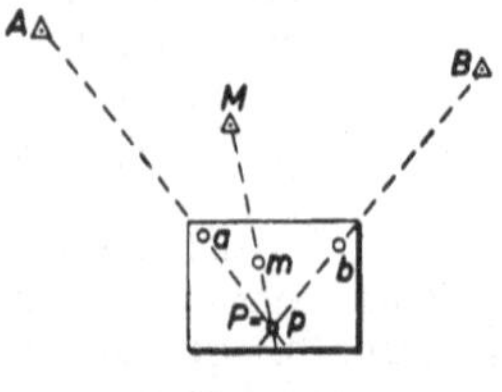

Bild 68.

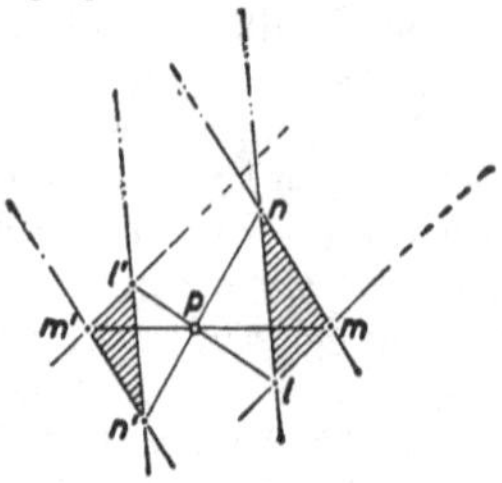

Bild 69.

Zum *polaren Anhängen* eines Neupunktes P an einen Festpunkt A reißt man auf dem in A orientierten Meßtisch die Richtung nach P an und setzt auf ihr die mit dem Distanzmesser ermittelte horizontale Entfernung AP maßstäblich ab. Will man sich anhängen, wenn der Meßtisch im Neupunkt selbst steht, so muß man auf einem kurz vorher besuchten Festpunkt mit der Orientierbussole die magnetische Nordrichtung angerissen haben und den Meßtisch auf P mit deren Hilfe orientieren. Alsdann bringt man die Kippregel in die Richtung $a - A$, reißt diese an und setzt auf ihr die Entfernung AP ab.

Der *Höhenunterschied* von Festpunkt zu Neupunkt wird mit Hilfe der Zenitdistanz und der erforderlichenfalls auf dem Meßtisch abzugreifenden Entfernung berechnet. Unübersichtliches Gelände ist mit dem Meßtisch schlecht zu erfassen. Solche Flächen werden ausgespart und mit Hilfe von Bussolenzügen aufgeschlossen.

45.3 Bestimmen der Geländepunkte. Die Geländepunkte werden nach den in 41 erläuterten Grundsätzen ausgewählt. Von einem Standpunkt aus können die Punkte beim Maßstab 1 : 5000 in flachen Gebieten in einem Umkreis bis zu 250 m, in geneigtem Gelände bis etwa 150 m aufgenommen werden; beim Maßstab 1 : 1000 beschränkt man sich auf 150 bzw. 100 m. Vor dem Beginn der Messung geht der Beobachter das Gebiet ab und weist die Meßgehilfen ein. Dann tritt er an den Meßtisch, schickt Meßgehilfen und Latte zum 1. Geländepunkt, stellt die Latte mit der Kippregel ein, ermittelt die Entfernung und den Höhenunterschied auf demselben Wege wie mit einem Kreistachymeter und berechnet die *NN*-Höhe des Geländepunktes. Schließlich setzt er die Horizontalentfernung an der Linealkante ab, sticht den Punkt ein und schreibt die *NN*-Höhe mit Bleistift daneben. Der Meßgehilfe kennzeichnet derweil den beobachteten Punkt durch ein Papierfähnchen, einen Zweig oder dergleichen und begibt sich zum nächsten Punkt, wo der Vorgang von neuem beginnt.

Nachdem alle Punkte aufgenommen sind, entwirft der Beobachter die Höhenlinien zunächst mit denselben Mitteln wie bei der Zahlentachymetrie [42.4]. Dann schraubt er den Meßtisch auf ein Stockstativ, geht damit von Geländepunkt zu Geländepunkt und ergänzt die Aufnahme zeichnerisch teils nach Augenmaß, teils mit Hilfe von Schrittmaß und Taschengefällmesser (Krokieren). Im Quartier überzieht er die Eintragungen mit Tusche und trägt die Bodenbedeckung und die erforderlichen Namen ein. So entsteht das vollständige Kartenbild bereits während der Feldarbeitszeit.

45.4 Vor- und Nachteile der Meßtischaufnahme. Die Meßtischaufnahme beansprucht mehr Feldarbeitszeit als die Zahlentachymetrie. Das Auge des Meßtischtopographen wird jedoch durch den ständigen Vergleich von Örtlichkeit und Karte so geschult, daß er das Höhenlinienbild nach einiger Übung bereits ohne Messung vor sich sieht und die aufzunehmenden Geländepunkte lediglich als Stützen betrachtet, die seinem Höhenlinienbild einen festen Maßstab geben. Er braucht infolgedessen weniger Punkte aufzumessen als bei der Zahlentachymetrie und macht dadurch den Zeitverlust, den das Zeichnen der Höhenlinien während der Feldarbeit zur Folge hat, zum Teil wieder wett. Nicht auszugleichen ist jedoch die Starrheit, die die Bindung an einen festen Maßstab mit sich bringt.

Die Vor- und Nachteile von Zahlentachymetrie und Meßtischaufnahme sind oft diskutiert. Im allgemeinen pflegt ein Beobachter, der gern mißt und rechnet, die Zahlentachymetrie vorzuziehen, während ein mit Zeichentalent und offenen Augen begabter Aufnehmer lieber zum Meßtisch greift. Das in 43 am Schluß geschilderte bayerische Verfahren sucht die Vorzüge beider Verfahren miteinander zu vereinigen.

46 Die Genauigkeit der Geländeaufnahme

Am Ende einer tachymetrischen oder topographischen Aufnahme steht die Karte. Da die Kartiergenauigkeit auch in großen Maßstäben nicht größer ist als die Aufnahmegenauigkeit, kann als Maßstab für die Grundrißdarstellung die Kartiergenauigkeit gelten, die mit $\pm 0{,}2$ mm für den gestochenen Punkt anzusetzen ist. Für die zwischen den Punkten liegenden Flächen mag etwa der doppelte Satz gelten. Das sind beim Maßstab 1 : 1000 $\pm$ 0,2 bzw. 0,4 m in der Natur; beim Maßstab 1 : 5000 sind es $\pm$ 1,0 bzw. 2,0 m.

In die Genauigkeit der Höhenlinien geht außer der Ungenauigkeit bei der Aufnahme der Geländepunkte die Unsicherheit beim Entwerfen der Höhenlinien ein. Zur Abschätzung des mittleren Höhenfehlers einer Höhenlinie benutzt man die empirisch entstandene Koppesche Formel. Nach Koppe ist, wenn a und b zwei vom Maßstab der Karte abhängige Konstanten sind und α den Neigungswinkel des Geländes bedeutet, der mittlere Höhenfehler eines beliebigen auf einer Höhenlinie liegenden Punktes

$$m_h = \pm (a + b \tan \alpha). \qquad (1)$$

Der mittlere Höhenfehler wächst also etwa proportional zur Geländeneigung. Man kann den Höhenfehler auch als Lagefehler auffassen. Dazu multipliziert man m_h mit $\cot \alpha$ und erhält dann als mittleren Lagefehler eines Höhenlinienpunktes

$$m_l = \pm (b + a \cot \alpha). \qquad (2)$$

Bei der Deutschen Grundkarte 1 : 5000 sollen nach den Vereinbarungen der deutschen Vermessungsverwaltungen bei der Berechnung von m_h bzw. in m_l keine größeren Werte auftreten, als sie aus der Koppeschen Formel mit $a = 0{,}4$ und $b = 5$ erhalten werden. Diese nebenstehend im Auszug mitgeteilten Beträge lassen sich, wie die Erfahrung gezeigt hat, leicht innehalten. Für größere Maßstäbe liegen entsprechende Festsetzungen nicht vor; doch wird man für den Maßstab 1 : 1000, eine entsprechend engere Aufnahme vorausgesetzt, die Koeffizienten a und b unbedenklich in halber Größe ansetzen dürfen.

α	m_h	m_l
g	m	m
0	0,4	—
1	0,5	30
2	0,6	18
5	0,8	10
10	1,2	7,5
20	2,0	6,2
50	5,4	5,4

Die geometrische Genauigkeit allein ist allerdings noch kein endgültiges Kriterium für die Güte eines Höhenlinienplanes; denn sie besagt nichts über die morphogische Richtigkeit, also vor allem nichts über die Richtung, die Krümmung und den gegenseitigen Abstand der Höhenlinien. Die daraus folgende Unsicherheit dürfte jedoch angesichts der Tatsache, daß die Koeffizienten der Koppeschen Formel sehr vorsichtig gewählt sind, im wesentlichen in den Angaben der obigen Tabelle enthalten sein.

Selbstverständlich läßt sich die Genauigkeit jederzeit höher treiben. Das bedingt jedoch Aufnahmekosten, die viel schneller ansteigen als die Genauigkeit. Dieser Zusammenhang wird von dem Auftraggeber, der oftmals ohne viel Überlegung „höchste Genauigkeit" verlangt, meistens übersehen. Es kommt also darauf an, einen Mittelweg zwischen Genauigkeit und Wirtschaftlichkeit zu finden.

5 Absteckungen

51 Allgemeine Trassierungsgrundsätze

Die Vorarbeiten für Ingenieurbauten, besonders für Landstraßen, Wasserstraßen und Eisenbahnen unterteilt man gewöhnlich in Voruntersuchungen, allgemeine oder generelle und ausführliche oder spezielle Vorarbeiten. Die Voruntersuchungen sind größtenteils wirtschaftlicher Art; zu den generellen Vorarbeiten gehört u. a. das Ermitteln der günstigsten Trasse und zu den speziellen Vorarbeiten das Übertragen der in Karten und Plänen ermittelten Linienführung in die Örtlichkeit.

Bild 70.

Die Trassen wählt man so, daß man mit möglichst geringer Steigung auskommt. Eine Linie bestimmter Steigung wird manchmal mit Hilfe eines Freihandhöhenmessers im Gelände aufgesucht, meistens aber an Hand eines Höhenlinienplans (Bild 70) folgendermaßen ermittelt: Es sei Δh der senkrechte Abstand zweier benachbarter Höhenlinien, und es sei eine Trasse mit p ‰ Steigung zu projektieren. Dem Höhenunterschied Δh entspricht, wenn die Trasse 1‰ Steigung erhalten soll, eine horizontale Strecke $s_0 = 1000 \Delta h$; also ist bei p ‰ Steigung $s_0 = 1000 \Delta h/p$. (Ist die Steigung anstatt in Promille durch den Steigungswinkel α gegeben, so ist $s_0 = \Delta h \cot \alpha$.) Die Strecke s_0 nimmt man im Maßstab des Planes in den Zirkel und trägt sie, beginnend im Anfangspunkt der Trasse, von Höhenlinie zu Höhenlinie ab. Ausgehend von dieser Nulllinie wird der Entwurf in Lage- und Höhenplan ausgearbeitet.

Nachdem die Trasse festgelegt ist, muß sie in die Örtlichkeit übertragen werden. Ist beim Entwurf von älteren Unterlagen, z. B. Flurkarten, ausgegangen worden, so müssen genügend viele — unzweifelhaft identische — Punkte im Plan und in der Örtlichkeit vorhanden sein, von denen aus die Geraden und die Bogenpunkte abgesetzt werden können.

Muß eine Neuvermessung vorgenommen werden, so lege man das Messungsliniennetz so an, daß die Aufnahmelinien auch der Absteckung zugrunde gelegt werden können. Die Festpunkte vermarke man sehr sorgfältig und sichere sie gegen Zerstörungen durch die Bauarbeiten.

Bei der Absteckung besteht insofern ein grundlegender Unterschied gegenüber den bisher geschilderten Vermessungsarbeiten, als ein Punkt, eine Linie oder ein Höhenunterschied dabei nur durch eine einmalige Messung abgesteckt wird, ohne daß die Instrumentalfehler kompensiert werden, wie es sonst z. B. durch Messen in beiden Fernrohrlagen geschieht. Die Absteckung muß daher, wenn scharfe Ergebnisse verlangt werden, durch die bei einer Aufmessung üblichen Verfahren überprüft und gegebenenfalls verbessert werden [52.5].

52 Einfache Absteckungen mit dem Theodolit

52.1 Durchfluchten einer Geraden (Bild 71). Man zentriert den Theodolit über einem Endpunkt, zielt bei streng lotrechter Stehachse den anderen Endpunkt an und weist die Zwischenpunkte ein. Liegen die einzuweisenden Punkte in verschiedenen Höhen, so daß das Fernrohr gekippt werden muß, wiederholt man das Einweisen in der zweiten Fernrohrlage und hält das Mittel aus beiden Lagen an.

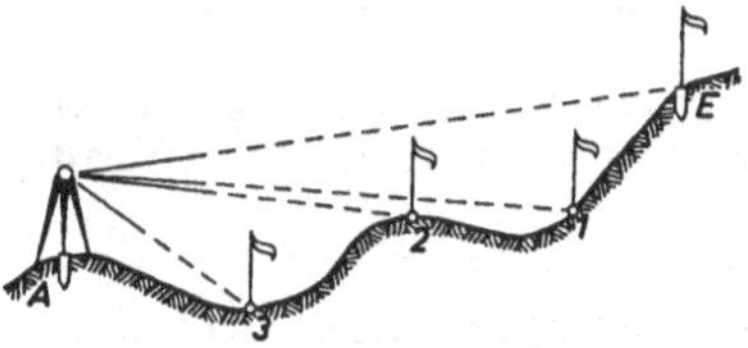

Bild 71.

52.2 Verlängerung einer Geraden (Bild 72). Man stellt den Theodolit in B auf, zielt A an, schlägt durch und erhält P'; darauf führt man das Fernrohr zurück auf A,

Bild 72.

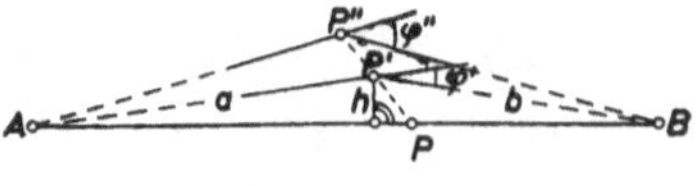

Bild 73.

schlägt abermals durch und erhält P''. Dann ist der Punkt P in der Mitte der Strecke $P'P''$ ein Punkt der Geraden AB.

52.3 Zum Einschalten eines Zwischenpunktes in eine Gerade AB, deren Endpunkte unzugänglich sind (Bild 73), fluchtet man sich zunächst genähert ein und erhält dabei den Punkt P'. Dann mißt man mit dem Theodolit auf P' den Winkel $AP'B$, bildet $AP'B - 200^g = \varphi'$ und beschafft sich durch Abgreifen aus einem Plan oder durch Abschreiten Näherungswerte von a und b. Um den Abstand h des Punktes P' von der Geraden zu berechnen, setzt man die doppelte Fläche des Dreiecks $AP'B$ zweimal an, nämlich

$$2F = AB \cdot h \approx (a + b)\,h,$$

$$2F = ab \sin \varphi' \approx ab \frac{\varphi'}{\varrho}.$$

Dann folgt aus dem Vergleich der rechten Seiten

$$h = \frac{ab}{a+b} \cdot \frac{\varphi'}{\varrho}. \qquad (1)$$

h setzt man in Richtung auf die Gerade zu ab und mißt zur Probe den Winkel auf dem abgesetzten Punkt. Ergibt er sich nicht genau genug zu 200^g, so ist das Verfahren zu wiederholen.

Falls a und b unbekannt sind, mißt man auf einem zweiten Näherungspunkt P'' den Winkel φ'' und bestimmt PP' aus dem Ansatz

$$PP' : P'P'' = \varphi' : (\varphi'' - \varphi'). \qquad (2)$$

52.4 Das Abstecken einer Geraden von einem Polygonzug (Bild 74) wird notwendig, wenn Geländehindernisse das Einschalten von Zwischenpunkten nach 52.1

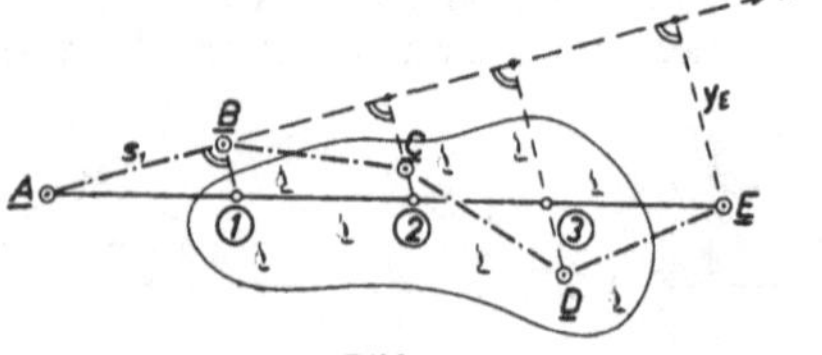

Bild 74.

oder 52.3 unmöglich machen. Man verbindet dazu die Endpunkte der durchzufluchtenden Strecke durch den Polygonzug $ABCDE$ und bezieht die Koordinaten der Brechpunkte auf die Verlängerung der ersten Seite als Abszissenachse. Dann berechnet man, wenn unter den $\alpha_{i,k}$ geodätische Richtungswinkel verstanden werden, die in B, C und D nach ①, ② und ③ abzusetzenden Stücke folgendermaßen:

$$\sphericalangle CB① = \alpha_{B,1} - \alpha_{B,C}; \qquad \overline{B①} = \frac{y_E}{x_E} x_B - y_B;$$

$$\sphericalangle DC② = \alpha_{C,2} - \alpha_{C,D}; \qquad \overline{C②} = \frac{y_E}{x_E} x_C - y_C;$$

$$\sphericalangle ED③ = \alpha_{D,3} - \alpha_{D,E}; \qquad \overline{D③} = \frac{y_E}{x_E} x_D - y_D.$$

Hierbei sind im Falle des Bildes 74 $\alpha_{B,1}$ und $\alpha_{C,2} = 100^g$; dagegen ist $\alpha_{B,3}$, da $\overline{D③}$ aus der Rechnung als negativ hervorgeht, gleich 300^g. Zur Kontrolle sind die Winkel auf den eingefluchteten Punkten zu beobachten, oder die Punkte sind von einem anderen Zug aus aufzumessen.

52.5 Absetzen eines Winkels von beliebiger Größe (Bild 75). Gegeben sind zwei Punkte A und B. Ein Punkt P soll so abgesteckt werden, daß $\sphericalangle ABP$ gleich einem gegebenen Winkel φ ist. Man stellt dazu den Theodolit in B auf und bestimmt durch Absetzen in einer Fernrohrlage zunächst einen Näherungspunkt P'. Dann mißt man den Winkel $ABP' = \varphi'$ mit der für die Absteckung erforderlichen Genauigkeit in beiden Fernrohrlagen und erhält, wenn $\varphi - \varphi' = \Delta\varphi$ und $BP = s$ ist, die Strecke v, um die P' zu verschieben ist, gemäß Band I 13 (1) aus $v = s\,\Delta\varphi/\varrho$.

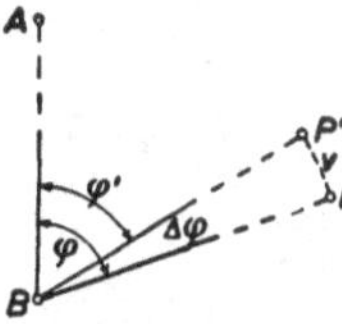

Bild 75.

53 Abstecken der Hauptpunkte eines Kreisbogens

Kreise werden nur in einzelnen Punkten abgesteckt. Dabei bestimmt man nach Formeln, die von Fall zu Fall verschieden sind, wenige Hauptpunkte und schaltet zwischen diesen Zwischen- oder Kleinpunkte nach einfacheren Verfahren ein.

53.1 Abstecken symmetrischer Hauptpunkte (Bild 76). Als Hauptpunkte gelten gewöhnlich der Bogenanfangspunkt A, sein Scheitelpunkt S und sein Endpunkt E, bei längeren Bögen auch noch die Halbierungspunkte B und D. Gem. Bild 76 bestehen folgende Beziehungen:

$$\gamma = 100^g - \tau, \qquad (1)$$

$$TA = TE = t = r \tan \gamma, \qquad (2)$$

$$TS = r \tan \gamma \tan \gamma/2, \qquad (3)$$

$$AM = MS = SN = NE = r \tan \gamma/2, \qquad (4)$$

$$AF = {}^1/_2 AE = r \sin \gamma, \qquad (5)$$

$$FS = HS = p = r(1 - \cos \gamma), \qquad (6)$$

$$MB = ND = r \tan \gamma/2 \tan \gamma/4. \qquad (7)$$

Rechenproben:

$$TS = TA \tan \gamma/2, \qquad (8)$$

$$(TS + r) \sin \gamma = t, \qquad (9)$$

$$FS + r \cos \gamma = r. \qquad (10)$$

Das Absteckungsverfahren richtet sich nach den gegebenen Stücken.

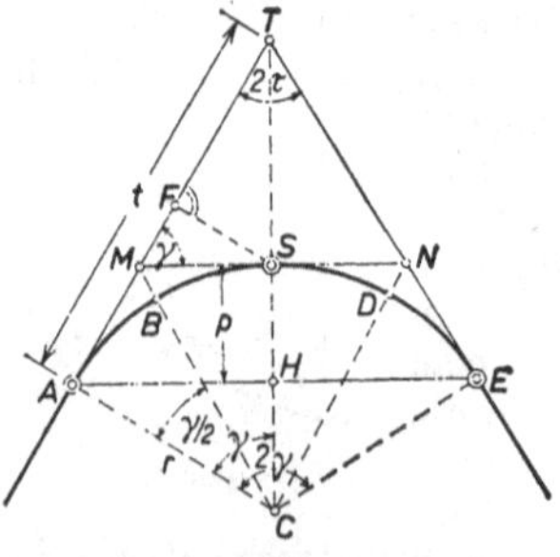

Bild 76.

a) Sind gegeben die Richtungen der beiden Tangenten und der Radius r, so mißt man in T den Winkel 2τ, berechnet γ sowie die Strecken $TA = TE$ und trägt sie auf der Tangente ab. Um S festzulegen, rechnet man entweder TS und setzt TS auf der Halbierungslinie des Winkels 2τ von T aus ab, oder man rechnet AF und FS und steckt sie auf bzw. von der Tangente aus ab, oder man bestimmt M und N nach (4) und S als Mitte von MN. Dabei kann immer ein Verfahren zur Verprobung des anderen dienen. B und D findet man, indem man MB bzw. ND auf den Halbierungslinien der Winkel bei M und N abträgt.

b) Ist nicht r, sondern die Länge t der beiden Tangenten TA und TE gegeben, so hat man r nach (2) zu berechnen. Alles andere bleibt wie unter a).

c) Ist T unzugänglich (Bild 77), so fluchtet man eine Hilfsgerade PQ durch, mißt b, φ und ψ und berechnet 2τ, TP und TQ durch Auflösung des Dreiecks TPQ. Sind auch b, φ und ψ nicht meßbar, so müssen P und Q durch einen Polygonzug oder durch eine Dreieckskonstruktion miteinander verbunden werden.

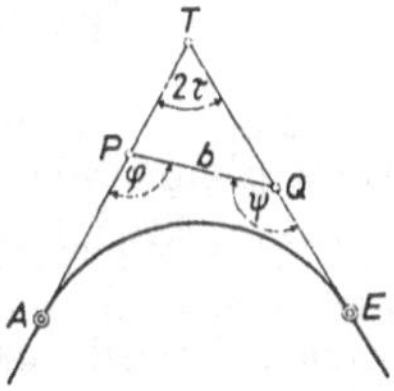

Bild 77.

d) Steht zur Messung von 2τ kein Theodolit zur Verfügung (Bild 78), so trägt man von T aus auf den Tangenten gleich große Abschnitte a ab, mißt die Strecke c zwischen den Endpunkten der a und berechnet γ aus $\sin\gamma = c/2a$.

e) Soll ein Kreisbogen durch einen vorgegebenen Zwangspunkt K gehen (Bild 79), so hat man 2τ, p und q zu messen

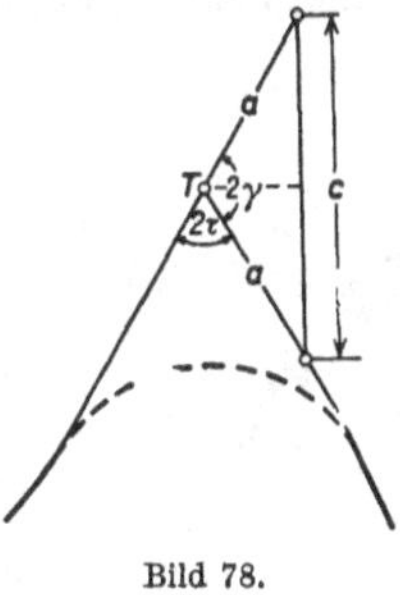

Bild 78.

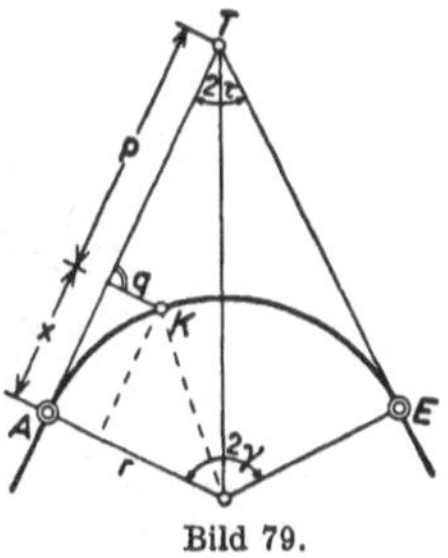

Bild 79.

und TA, TE, r und γ zu berechnen. Dazu geht man aus von den an der Figur abzulesenden Gleichungen

$$x^2 = r^2 - (r - q)^2 \quad \text{und} \quad (x + p) = r \cot \tau\,.$$

Setzt man $z = q \tan \tau$, so findet man

$$x = z \pm \sqrt{z^2 + 2pz - q^2}, \tag{8}$$

$$TA = TE = x + p\,;\; r = TA \tan \tau. \tag{9}$$

$$\text{Rechenprobe: } x^2 + q^2 = 2rq. \tag{10}$$

Das positive Vorzeichen in (8) liefert den Kreis mit dem größeren Halbmesser.

53.2 Das Abstecken eines Sehnenpolygons (Bild 80) empfiehlt sich, wenn ein Kreisbogen in einem Einschnitt, in einem Tunnel oder im Walde abzustecken ist. Zuerst werden τ, A und E nach 53.1 festgelegt. Wenn dann d die durchschnittliche Breite des Einschnitts ist, so ermittelt man aus der Formel $s^2 \approx 4/rd$ die längstmögliche Sehne s und berechnet überschlägig den der gewählten Sehnenlänge entsprechenden Zentriwinkel $\zeta = \varrho\, s/r$. Für die Weiterarbeit bestehen verschiedene Möglichkeiten:

a) Sollen die abzusteckenden Punkte ①, ②, ③ . . . um gleiche Bogenlängen b voneinander abstehen, was im Hinblick auf die Stationierung vorteilhaft ist, so wählt man ein rundes b, das dem oben gefundenen ζ nahezu entspricht, und

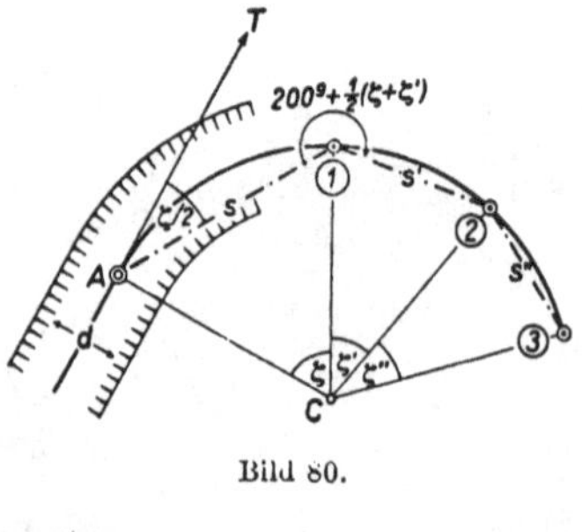

Bild 80.

berechnet strenge Werte von ζ und s aus $\zeta = \varrho b/r$ und $s = 2r \sin \zeta/2$. Dann setzt man von A aus mit der Tangente als Abszissenachse unter Beachtung von 52.5 einen Polygonzug mit lauter Seiten von der Länge s ab, dessen erster Richtungswinkel TA ① $= \zeta/2$ ist, während alle Brechungswinkel $(200^g + \zeta)$ betragen.

b) Läßt die Örtlichkeit nur Schritte von unterschiedlicher Länge zu, geht man von den jeweils durchzubringenden Sehnen $s, s', s'' \ldots$ aus und berechnet wie oben die zugehörigen $\zeta, \zeta', \zeta'' \ldots$ Die Brechungswinkel sind dann $200^g + \frac{1}{2}(\zeta + \zeta'), 200^g + \frac{1}{2}(\zeta' + \zeta'')$ usw.

c) Zu noch schärferen Ergebnissen als in a) und b) kommt man, wenn man in die Nachbarschaft des — etwa durch eine Vorabsteckung genähert ermittelten — Bogenverlaufs einen Feinpolygonzug legt, den man mit Zwangszentrierung [Band II 15.2] mißt und auf mm durchrechnet. Man berechnet dann aus Koordinaten die Entfernungen e der Polygonpunkte vom Kreismittelpunkt, vergleicht sie mit dem Radius r und setzt die Differenzen $(e—r)$ in der Richtung der Radien ab.

Bei Tunnelabsteckungen macht man zweckmäßig zunächst eine Vorabsteckung nach a) oder b) und überprüft das Absteckungsergebnis mit dem Verfahren c).

54 Abstecken von Zwischenpunkten

54.1 Mit rechtwinkligen Koordinaten von der Tangente. Man benutzt einen der nach 53 abgesetzten Hauptpunkte als Anfangspunkt und die Tangente als Abszissenachse. Zweckmäßig nimmt man entweder runde Abszissen oder runde Bogenlängen.

Runde Abszissen (Bild 81) wählt man je nach dem Zweck der Absteckung, z. B. von 10 m zu 10 m, und berechnet die zugehörigen Ordinaten aus

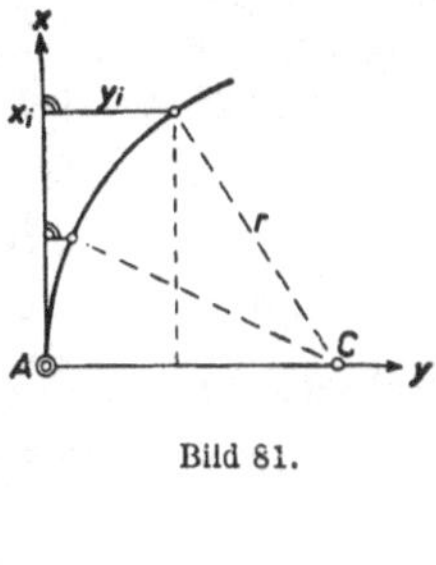

Bild 81.

$$y_i = r - \sqrt{r^2 - x_i^2} = r - \sqrt{(r + x_i)(r - x_i)} \tag{1}$$

$$\text{oder} \quad y_i = x_i \left\{ \frac{x_i}{2r} + \left(\frac{x_i}{2r}\right)^3 + \dots \right\} \tag{2}$$

$$\text{oder} \quad y_i \approx \frac{x_i^2}{2r} + \frac{y_i^2}{2r}\,. \tag{3}$$

Die Rechnung ist sehr bequem; außerdem stehen zahlreiche Tafelwerke zur Verfügung. Vgl. Schrifttum S. 143.

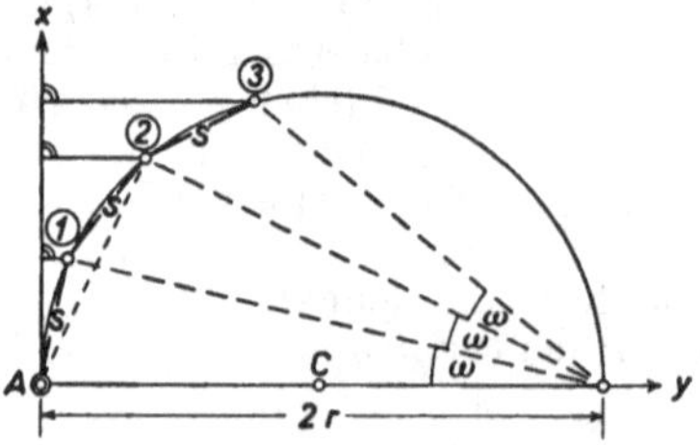

Bild 82.

Runde Bogenlängen (Bild 82) verlangen mehr Rechenarbeit; sie erleichtern aber die Stationierung. Ihre Länge b wird daher im Hinblick auf die Stationierung gewählt. Dem Kleinbogen b entsprechen als Umfangswinkel und Sehne

$$\omega = \frac{b \cdot \varrho}{2r} \quad \text{und} \quad s = 2r \sin \omega\,. \tag{4}$$

Beachtet man, daß der Sehnentangentenwinkel und die Basiswinkel in den Dreiecken A-1-2 und 1-2-3 ebenfalls gleich ω sind, so ergeben sich für $n = 3$ die Absteckungselemente

$$\left.\begin{aligned} x_1 &= s \cos \omega\,; & y_1 &= s \sin \omega\,; \\ x_2 &= x_1 + s \cos 3\,\omega\,; & y_2 &= y_1 + s \sin 3\,\omega\,; \\ x_3 &= x_2 + s \cos 5\,\omega\,; & y_3 &= y_2 + s \sin 5\,\omega\,. \end{aligned}\right\} \tag{5}$$

Rechenprobe:

$$x_3 = 2r \sin 3\,\omega \cos 3\,\omega\,; \quad y_3 = 2r \sin^2 3\,\omega\,.$$

54.2 Mit rechtwinkligen Koordinaten von der Sehne (Bild 83). Müssen die Zwischenpunkte von der Kreissehne a abgesetzt werden, so bezieht man ihre Koordinaten zunächst nach 54.1 auf eine der Sehne parallele Tangente. Beim Übergang auf die Sehne werden die Abszissenunterschiede unverändert beibehalten, während die von der Sehne a abzusetzenden Ordinaten die Ergänzungen der Tangentenordinaten zu der Pfeilhöhe

$$h = r - \sqrt{r^2 - a^2/4} \qquad (6)$$

sind.

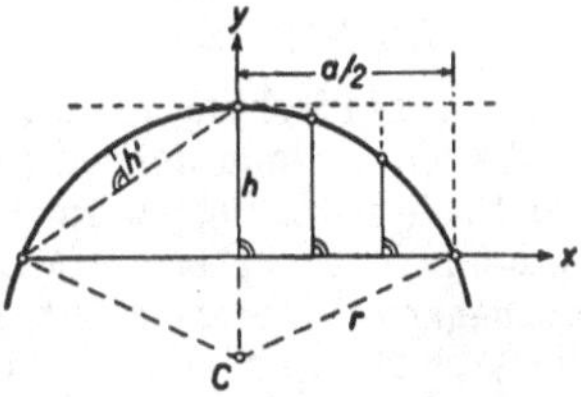

Bild 83.

54.3 Mit gleichen Sehnen und Umfangswinkeln (Bild 84). Zu gleichen Sehnen gehören gleiche Umfangswinkel; ferner ist der Sehnentangentenwinkel gleich dem Umfangswinkel über demselben Bogen. Auf diese Sätze gründet sich folgendes Absteckverfahren:

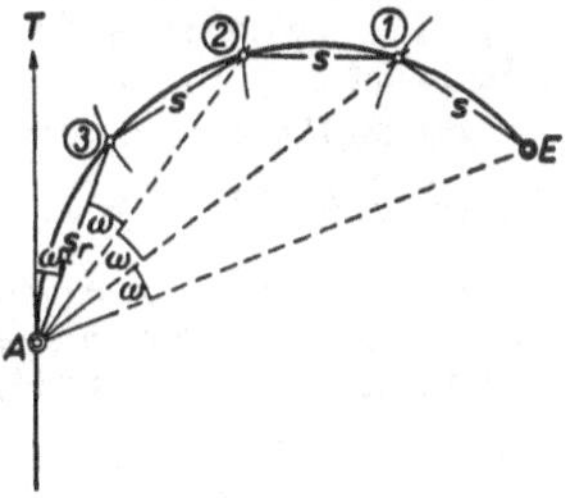

Bild 84.

Nachdem aus dem durch den Absteckungszweck oder die Stationierung vorgegebenen Sollabstand b zweier benachbarter Zwischenpunkte der zugehörige Umfangswinkel ω und die Sehne s nach (4) errechnet sind, stellt man einen Theodolit im Punkt A des Bogens AE auf und zielt E an. Dann dreht man das Fernrohr um ω auf A zu und schlägt gleichzeitig mit einem Meßband, an dem die Strecke s markiert ist, einen Kreisbogen um E. Der Schnittpunkt von Visierlinie und Bogen ist ①. Jetzt wird das Fernrohr um ω weitergedreht und ein Bogen mit s um ① geschlagen, wodurch man ② erhält, und so fort. Schließlich bleibt ein Restbogen b_r mit dem Sehnentangentenwinkel ω_r und der Restsehne s_r übrig; ω_r und s_r mißt man und berechnet sie zur Probe aus

$$\omega_r = \sphericalangle TAE - n\,\omega\,; \quad s_r = 2r \sin \omega_r\,. \tag{7}$$

Für $s = 20$ m hat ω folgende Größen:

$r =$	100 m	200 m	500 m	1000 m	2000 m
$\omega =$	$6{,}3768^g$	$3{,}1846^g$	$1{,}2735^g$	$0{,}6367^g$	$0{,}3182^g$

Zur Vereinfachung nimmt man entweder runde Umfangswinkel oder runde Sehnen und steckt die Zwischenpunkte, um Fehleranhäufungen zu vermeiden, in Richtung auf das Instrument ab. Das Verfahren liefert mit wenig Meß- und Rechenarbeit in kurzer Zeit sichere Bogenpunkte. Man kann die Arbeitsgeschwindigkeit noch steigern, wenn man die neu einzuweisenden Punkte zuvor roh nach der Sekantenmethode [55 (2)] einweisen läßt. Das Verfahren empfiehlt sich besonders bei Absteckungen auf Dämmen.

55 Überschlag- und Einrückformeln

Das Projektieren von Kreisbögen und das Überprüfen abgesteckter Bögen wird sehr erleichtert, wenn man Überschlagformeln zur Hand hat.

Genähertes Absetzen von einer Tangente (Bild 81). Aus dem ersten Glied von 54 (3) folgt $x \approx s\,; \quad y \approx \dfrac{s^2}{2r}\,.$ (1)

Genähertes Absetzen von einer Sekante (Bild 85). Bei diesem Verfahren müssen zuvor zwei aufeinanderfolgende Punkte abgesteckt sein. Dann ist nach 54 (5) und (4)

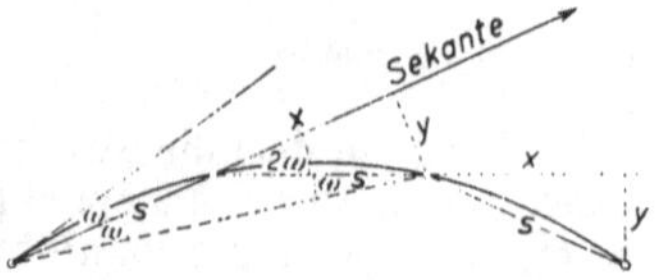

$$y = s \sin 2\,\omega$$
$$\sin \omega = s/2r,$$
$$\sin 2\omega \approx s/r,$$

Bild 85.

woraus folgt $$x \approx s; \quad y \approx \frac{s^2}{r}. \tag{2}$$

Pfeilhöhenermittlung (Bild 83). Anwendung der binomischen Reihe auf 54 (6) gibt

$$h = r - r\sqrt{1 - a^2/4r^2} \approx r - r\,(1 - a^2/8r^2 + \ldots)$$

oder $$h \approx \frac{a^2}{8r}. \tag{3}$$

Viertelsmethode (Bild 83). Um aus der Pfeilhöhe h eines Bogens die Pfeilhöhe h' des Halbbogens abzuleiten, ist in (3) a durch $a/2$ zu ersetzen. Dann wird

$$h' \approx \frac{a^2}{32r} \approx {}^1/_4 h. \tag{4}$$

Einrückformel (Bild 86). Ist z. B. zum Stationieren des Bogens zwischen zwei abgesteckten Bogenpunkten ein Zwischenpunkt ein-

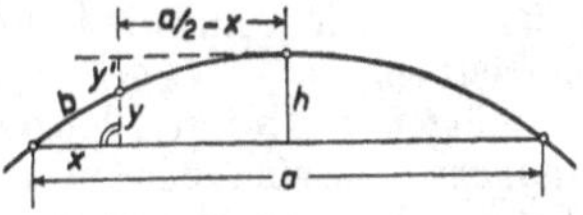

Bild 86.

zuschalten, so geht man am besten von der Sehne aus. Meistens ist bei den flachen Bögen der Praxis genau genug $x \approx b$. Für y erhält man mit (1) und (3)

$$y = h - y' \approx \frac{a^2}{8r} - \frac{(a/2 - x)^2}{2r} \approx \frac{x\,(a - x)}{2r}. \tag{5}$$

56 Korbbögen

Die Lage eines Kreisbogens in der Örtlichkeit ist durch 3 Stücke — im einfachsten Falle durch die Richtungen von Anfangs- und Endtangente und den Kreishalbmesser — bestimmt. Kommen noch weitere Bedingungen hinzu, z. B. die Lage der Berührungspunkte auf den Tangenten, Zwangspunkte auf Brücken usw., so muß die Trasse aus Kreisbögen verschiedener Halbmesser zusammengesetzt werden,

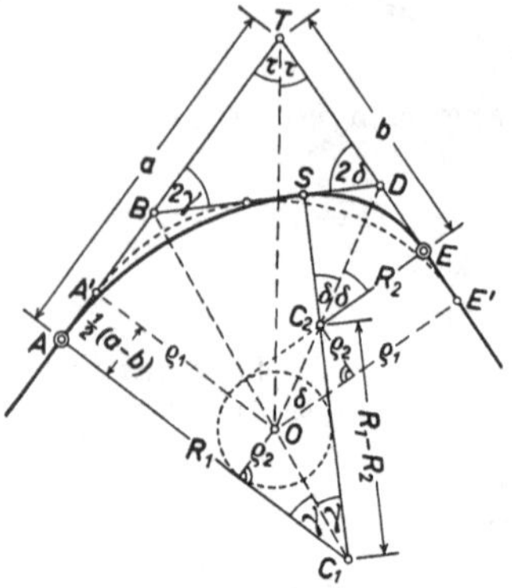

Bild 87. Korbbogen

die in den Punkten, in denen sie aneinanderstoßen, eine gemeinsame Tangente besitzen. In den meisten Fällen ist die gegenseitige Lage der Ausgangsstücke durch indirekte Messungen zu bestimmen; ferner müssen beim Übergang von den Geraden zu den Kreisbögen und zwischen Kreisbögen verschiedener Halbmesser Übergangsbögen [57] eingeschaltet werden; schließlich hat man häufig gleichzeitig Niveauunterschiede zu überwinden. Die Berechnung von Korbbögen ist daher so schwierig, daß hier nur die Grundlagen (Bild 87) erläutert werden können.

Bei einem zweiteiligen Korbbogen mögen neben der Anfangs- und Endtangente, die einander unter dem sorgfältig zu messenden Winkel 2τ schneiden, drei weitere Stücke gegeben sein, wofür in erster Linie die beiden verschieden langen Tangentenabschnitte a und b und die beiden Krümmungshalbmesser R_1 und R_2 (oder das Verhältnis beider) in Frage kommen. Zwischen diesen Stücken bestehen folgende Beziehungen:

Man betrachte zuerst die beiden punktiert eingezeichneten Hilfskreise um den auf der Halbierungslinie des Tangentenschnittwinkels 2τ liegenden Mittelpunkt O mit den Halbmessern

$$\varrho_1 = \frac{a+b}{2}\tan\tau\,; \quad \varrho_2 = \frac{a-b}{2}\,. \tag{1}$$

Für die in C_1 und C_2 eingetragenen Zentriwinkel 2γ und 2δ der beiden Bogenstücke AS und SE entnimmt man dem Bild 87

$$\tan\gamma = \frac{\varrho_2}{R_1-\varrho_1}\,; \quad \tan\delta = \frac{\varrho_2}{\varrho_1-R_2} \tag{2}$$

2γ und 2δ treten auch bei B und D auf; daher ist

$$\tau + \gamma + \delta = 100^g. \tag{3}$$

Sodann folgt aus der Figur

$$R_1 = \varrho_1 + \varrho_2 \cot \gamma; \quad R_2 = \varrho_1 - \varrho_2 \cot \delta. \tag{4}$$

Als Rechenprobe dienen die an der Figur abzulesenden Projektionssätze

$$(R_1 - R_2) \sin 2\gamma + R_2 \sin 2\tau + b \cos 2\tau = a, \tag{5}$$

$$a \cos 2\tau + R_1 \sin 2\tau - (R_1 - R_2) \sin 2\delta = b. \tag{6}$$

Diese Gleichungen hat man, wenn außer 2τ z. B. a, b und R_1 gegeben sind, in der Reihenfolge (1), linke Gl. (2), (3), rechte Gl. (4), (5), (6) aufzulösen. Andere Ausgangswerte bedingen eine andere Reihenfolge.

57 Übergangsbögen

57.1 **Krümmung und Länge der Übergangsbögen.** Eine Trasse, die aus Geraden und Kreisbögen zusammengesetzt ist, verläuft äußerlich glatt. Beim Übergang von einer Geraden in einen Kreisbogen oder von einem Kreisbogen in einen Kreisbogen mit anderem Radius ändern sich jedoch die Krümmung und die Zentrifugalbeschleunigung sprunghaft. Um den Übergang zu mildern, werden an den Sprungstellen Übergangsbögen mit veränderlichem Krümmungshalbmesser eingefügt.

Zur Darstellung der Krümmungsverhältnisse dient das Krümmungsbild; das ist ein Diagramm, in dem die Wegelängen l als Abszissen und die Krümmungen k (= Reziproken der Krümmungshalbmesser) als Ordinaten aufgetragen werden. Das Bild 88 zeigt das Krümmungsbild einer aus zwei Geraden, einem Kreisbogen und zwei Übergangs-

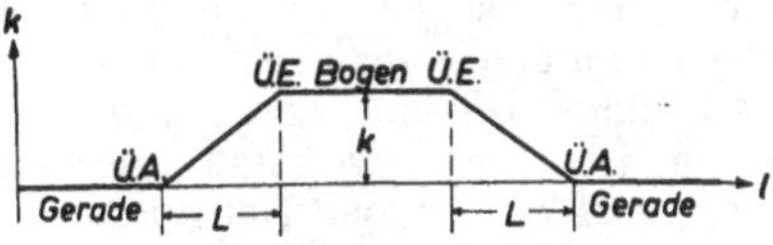

Bild 88. Krümmungsbild.

bögen zusammengesetzten Trasse. Die Krümmungslinien der beiden Geraden ($k = 0$) fallen in die Abszissenachse; die Krümmungslinie des Kreises ($k = \text{const}$) ist eine Parallele zur Abszissenachse; als Krümmungslinien der beiden Übergangsbögen bieten sich daher die an- bzw. absteigenden Geraden an, die die Endpunkte der Krümmungslinien der Geraden und des Kreisbogens miteinander verbinden. Die Krümmung solcher Übergangsbögen ist in jedem Krümmungspunkt der laufenden Kurvenlänge l proportional. Die Kurve, die diese Eigenschaft besitzt, ist die Klothoide. Um das durch eine Gleichung auszudrücken, lege man im Bild 88 den Ursprung des l,k-Systems nach $\ddot{U}A$, nenne den laufenden Krümmungshalbmesser r und das Steigungsmaß der ansteigenden Geraden $\ddot{U}A - \ddot{U}E$ $1/A^2$; dann wird

$$k = \frac{1}{r} = \frac{1}{A^2} l \quad \text{und} \quad rl = A^2 = RL, \tag{1}$$

wobei L die Gesamtlänge des Übergangsbogens und R den Radius des anschließenden Hauptbogens bedeutet.

Alle Klothoiden sind einander ähnlich; dabei ist A ein Parameter, der die Klothoide ebenso eindeutig festlegt, wie der Halbmesser einen Kreis. Bei Absteckungen wird auf Grund der örtlichen Verhältnisse entweder A und damit der Krümmungsverlauf der Klothoide oder L, d. h. ihre Länge, vorgeschrieben.

Um einen Anhalt zur Ermittlung von L zu gewinnen, wird von den Vorgängen in der Vertikalen ausgegangen. Bekanntlich wird, um die Wirkung der Zentrifugalbeschleunigung aufzuheben, die Fahrbahn in einer Straßenkurve nach innen geneigt oder die äußere Schiene eines Eisenbahngleises überhöht. Die Ausmaße der Querneigung und der Überhöhung und damit auch die Länge L der Verwindungsstrecke bzw. der Überhöhungsrampe sind vornehmlich durch die vorgesehene Fahrgeschwindigkeit und den Radius des Hauptbogens bedingt. Dieselbe Länge L gibt man zweckmäßig auch dem Übergangsbogen und erreicht damit, daß die Überleitungsvorgänge in der Horizontalen und in der Vertikalen an einem gemeinsamen Punkt anfangen und aufhören. Eisenbahn- und Straßenbau haben dabei unterschiedliche Gesichtspunkte.

Die Eisenbahn bevorzugt aus betriebstechnischen Gründen lange Geraden; sie macht daher die Übergangsbögen möglichst kurz. Die Deutsche Bundesbahn läßt die Überhöhungsrampen und die Übergangsbögen zusammenfallen. Nach der Eisenbahnbau- und Betriebsvorschrift vom 8. 5. 1967 gelten, wenn V die größte planmäßige Geschwindigkeit in km/h ist, für die Überhöhung $ü$ in mm, R und L in m folgende Regelvorschriften: Regelüberhöhung $ü = 8V^2/R$, wobei $20 \leqq ü \leqq 150$ mm, Regelneigung der Überhöhungsrampe $1:10V$, Übergangsbögen $L = 10V \cdot ü/1000$ bei $V > 40$ km/h. Diesen Vorschriften entspricht nachstehender Tabellenauszug:

V	R	L	$ü$	V	R	L	$ü$
km/h	m	m	mm	km/h	m	m	mm
160	2000	160	100	90	1300	45	50
160	1300	240	150	90	400	135	150
120	2000	75	60	60	2000	—	—
120	1300	110	90	60	1300	15	20
120	700	180	150	60	400	45	70
90	2000	30	30	60	180	90	150

Für die Geschwindigkeiten $V = 160$, $V = 120$, $V = 90$ und $V = 60$ km/h sind in den jeweils letzten Zeilen die kleinstzulässigen Halbmesser angegeben.

Beim Straßenbau gelangt man zur Klothoide auf Grund der Forderung, daß bei gleichbleibender Geschwindigkeit die Räder in gleichen Zeiten um gleiche Winkel eingeschlagen werden. Einer plötzlichen Krümmungsänderung, z. B. von der Geraden zum Kreis, kann ein Fahrzeug in der Bewegung nicht folgen, da die Räder im Punkt des Krümmungswechsels in eine neue Stellung gebracht werden müssen. Bei Straßen mit getrennt geführten Richtungsfahrbahnen werden lange Geraden möglichst vermieden, weil sie einschläfernd wirken. Insbesondere beim Autobahnbau bevorzugt man daher lange Übergangsbögen und betrachtet heute die Klothoide nicht so sehr als Übergangsbogen, sondern als selbständiges Trassierungselement. Auf zweispurigen Landstraßen sind gelegentlich gerade Strecken erwünscht, um ein Überholen zu ermöglichen.

Die Mindestparameter der Übergangsbögen ergeben sich aus den drei Forderungen:

1. Die Zunahme der Seitenbeschleunigung (Ruck) dp/dt soll $\leq 0{,}5$ m/sec³ sein.
2. Die durch die Kurvenüberhöhung entstehende zusätzliche Längsneigung Δs [%] am Fahrbahnaußenrand (Anrampung) darf die zulässigen Werte nicht überschreiten.
3. Der von der Klothoide vollzogene Richtungswechsel soll noch wahrnehmbar sein.

In Formeln lauten diese Bedingungen, wenn b die Fahrbahnbreite [m] und q_a und q_e die Querneigungen [%] in $\ddot{U}A$ und $\ddot{U}E$ sind:

$$1.\ A_{\min} = 0{,}17\sqrt{V_E^3}\,;\quad 2.\ A_{\min} = \sqrt{\frac{P}{\Delta s_{\max}}\cdot\frac{b}{2}(q_e \pm q_a)}\,;$$

$$3.\ A_{\min} = \frac{R}{3}\,.$$

Diesen Bedingungen genügen in Abhängigkeit von der Entwurfsgeschwindigkeit etwa folgende Grenzwerte:

Entwurfsgeschwindigkeit V_E (km/h)	30	40	50	60	80	100
min. Kurvenradius R (m)	35	70	120	180	350	600
min. Parameter A (m)	30	45	60	80	120	200
min. Übergangsbogenlänge L (m)	26	29	30	36	41	67

So sehr die Klothoide sich durch die in (1) zum Ausdruck kommenden einfachen geometrischen Eigenschaften empfiehlt, so steht doch ihrer praktischen Anwendung entgegen, daß sie nach (1) nicht abgesteckt werden kann. Es wird daher, zumal bei kurzen Übergangsbögen, gerne mit Ersatzkurven gearbeitet. Beim Wegebau wird vielfach als Übergangsbogen ein *Vorbogen* abgesteckt, d. h. ein Kreisbogen, dessen Radius doppelt so groß ist wie der des Hauptbogens. Bei der Eisenbahn hat man lange mit der kubischen Parabel gearbeitet und benutzt heute noch vielfach die von M. Höfer angegebene verbesserte kubische Parabel. Da sich mit der Darstellung der kubischen Parabel sehr leicht eine allgemeine Einführung in das Abstecken von Übergangsbögen verbinden läßt, sei sie zuerst vorgetragen.

57.2 Die kubische Parabel ist die meist gebrauchte Ersatzkurve; sie läßt sich am einfachsten im xy-System des Bildes 89 darstellen und abstecken. Dazu führt man in (1) anstelle von $1/r$ den reziproken Krümmungshalbmesser $y''/(1+y'^2)^{3/2}$ ein, ersetzt ihn jedoch, weil eine Übergangskurve immer sehr flach und daher y' sehr klein ist, durch y'' und setzt aus demselben Grunde $x = l$. Die vereinfachte Gleichung und die Ergebnisse zweimaliger Integration sind, da Integrationskonstanten nicht auftreten,

$$y'' = \frac{d^2y}{dx^2} = \frac{1}{A^2}\,x; \quad y' = \frac{dy}{dx} = \frac{x^2}{2\,A^2}; \quad y = \frac{x^3}{6\,A^2}. \tag{2}$$

Die letzte Gleichung beschreibt die kubische Parabel. Für die Absteckung ergeben die Bilder 89 und 90 folgendes:

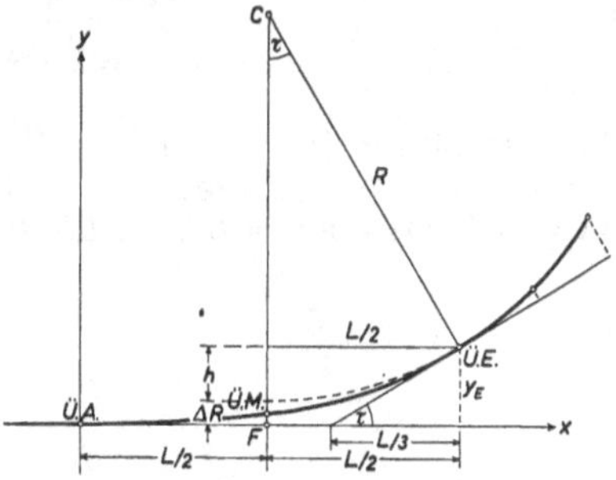

Bild 89. Kubische Parabel.

a) Der Kreisbogen mit dem Radius R würde die Tangente, wenn kein Übergangsbogen einzuziehen wäre, im Bild 89 in F berühren. Um Raum für den Übergangsbogen zu schaffen, wird der Kreis längs der Ordinate in F auf seinen Mittelpunkt C zu um die *Tangentenabrückung* ΔR von der Tangente abgerückt. ΔR ergibt sich aus der Differenz der Ordinate in $x = L$ und der Pfeilhöhe h [55(3)] für $L \leqq R/3$ genau genug zu

$$\Delta R = y_E - h = \frac{L^3}{6\,LR} - \frac{L^2}{8\,R} = \frac{L^2}{24\,R} = \frac{L^3}{24\,A^2}\,. \tag{3}$$

b) Um z. B. in Bild 90 den Übergangsbogen bei E abzustecken, berechnet man nach 52 (2) den Tangentenabschnitt TE für einen Kreisbogen mit dem Radius $(R + \Delta R)$ und erhält damit in Bild 90 den Punkt E, dem in Bild 89 der Punkt F entspricht.

c) Der Übergangsbogenanfang $ÜA$ liegt in der Verlängerung von TE um $L/2$ über E (bzw. F im Bild 89) hinaus. Seine Mitte $ÜM$ liegt um $L/2$ von $ÜA$ entfernt auf der Ordinate in E und sein um $L/2$ von $ÜM$ entfernter Endpunkt $ÜE$ ist gleichzeitig der Anfangspunkt des Hauptbogens mit dem Radius R. Bei Vernachlässigung der Unterschiede zwischen L und x_E ist dann

$$\begin{aligned}
&\text{in } ÜA: \quad x_A = 0; && y_A = 0, \\
&\text{in } ÜM: \quad x_M = \frac{1}{2} L; && y_M = \frac{L^3}{48 A^2} = \frac{1}{2} \Delta R, \\
&\text{in } ÜE: \quad x_E = L; && y_E = \frac{L^3}{6 A^2} = 4 \Delta R.
\end{aligned} \tag{4}$$

d) Den Richtungswinkel τ der Tangente in $ÜE$ (Bild 89) erhält man wegen $\tan \tau = dy/dx$ nach der mittleren Gleichung (2) mit $x = L$ aus $\tan \tau = L^2/2A^2$. Die Subtangente

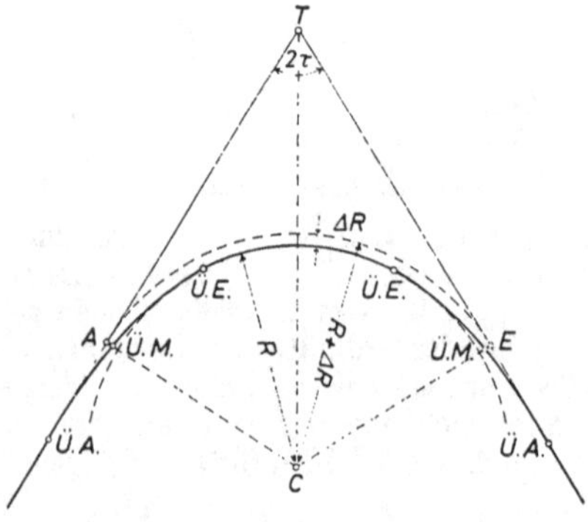

Bild 90.

ist gleich $Y_E : \tan \tau$ und mit dem Wert für Y_E aus (4) gleich $L/3$. Diese Beziehung zwischen Bogen und Subtangente gilt für jeden Kurvenpunkt.

e) Die Punkte des Hauptbogens können entweder von der Tangente in $\ddot{U}E$ oder von der Haupttangente abgesteckt werden; im letzteren Falle sind die Ordinaten um ΔR zu vergrößern.

f) Da bei der Ableitung der kubischen Parabel für die Krümmung der Näherungswert $1/y''$ benutzt wurde, besitzt die kubische Parabel nicht die in (1) geforderte Sollkrümmung. Infolgedessen entsteht beim Übergang in den Kreis in $\ddot{U}E$ ein schwacher Krümmungssprung, der jedoch nicht mehr als 10% von R ausmacht, solange $L \leqq 0{,}5\,R$ ist. Man vermeidet ihn durch die *verbesserte kubische Parabel*

$$y = \frac{x^3}{6RL}\sqrt{1 + \left(\frac{L}{2R}\right)^2}^{\,3}. \qquad (2a)$$

57.3 Die Klothoide. Zur Absteckung der Klothoide von der Tangente aus, werden aus (1) rechtwinklige Koordinaten in bezug auf die Tangente als Abszissenachse und ihrem Anfangspunkt $\ddot{U}A$ als Ursprung abgeleitet. In Verbindung mit (1) gibt Bild 91 $d\tau = dl/r = l\,dl/A^2$, woraus durch Integration erhalten wird

$$\tau = \frac{l^2}{2A^2}. \qquad (5)$$

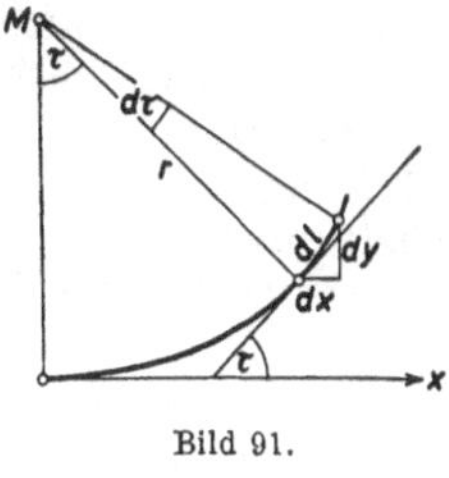

Bild 91.

Mit (5) folgen aus $dx = \cos\tau\, dl$ und $dy = \sin\tau\, dl$ die *Fresnelschen Integrale*

$$x = \int_0^l \cos\frac{l^2}{2A^2}\,dl; \quad y = \int_0^l \sin\frac{l^2}{2A^2}\,dl. \qquad (6)$$

Diese lassen sich, wie in (8) gezeigt wird, in Potenzreihen entwickeln, deren erste Glieder die kubische Parabel darstellen; die Reihen konvergieren aber so langsam, daß sie für die

Praxis zu schwerfällig sind. Voraussetzung für die Anwendung sind daher Abstecktafeln. Siehe Schrifttum zu (5) S. 143.

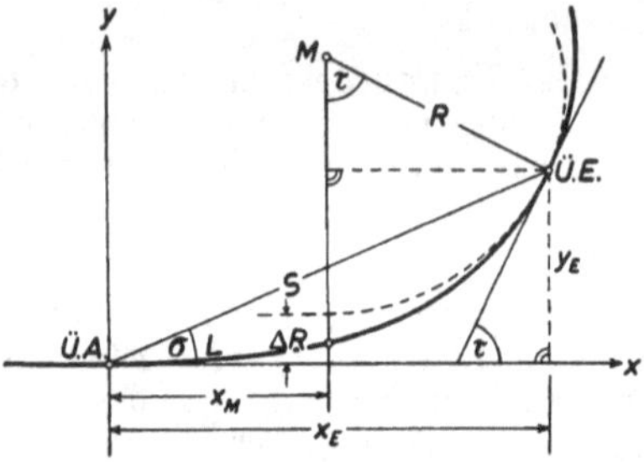

Bild 92. Klothoide.

Die reichhaltigste dieser Tafeln ist von Kasper, Schürba und Lorenz bearbeitet. In ihr werden die Elemente, welche Längen darstellen, mit Großbuchstaben bezeichnet (Bild 92). Insbesondere sind X und Y die auf die Tangente bezogenen laufenden rechtwinkligen Koordinaten eines Klothoidenpunktes P; L ist die Bogenlänge vom Ursprung bis P, R der Krümmungshalbmesser in P und ΔR die Tangentenabrückung; ferner ist S die Klothoidensehne vom Ursprung nach P und σ ihr Richtungswinkel. τ ist der Richtungswinkel der Tangente in P.

In den ersten Tabellen des genannten Werkes ist die Klothoide mit dem Parameter $A = 1$ vertafelt, welche *Einheitsklothoide* heißt. Ihre Elemente sind mit den den Großbuchstaben entsprechenden kleinen Buchstaben $x, y, l, r, \Delta r$ und s bezeichnet und folgendermaßen berechnet:

Gem. (1a) ist im Punkt P (x, y) der Einheitsklothoide, da $l = L/A$ und $r = R/A$ ist, $lr = 1$. Mithin ist nach (5)

$$\tau = \frac{l^2}{2} = \frac{l}{2r} = \frac{1}{2r^2}. \qquad (7)$$

Aus (6) folgt durch Entwicklung und Integration

$$x = l - \frac{l^5}{40} + \frac{l^9}{3456} - \dots ; \quad y = \frac{l^3}{6} - \frac{l^7}{336} + \frac{l^{11}}{42\,240} - \dots \qquad (8)$$

Daraus ergeben sich an Hand des Bildes 92 die Polarkoordinaten

$$s = \sqrt{x^2 + y^2}; \quad \sigma = \operatorname{arc} \tan y/x. \tag{8a}$$

Die Koordinaten des Krümmungsmittelpunktes sind

$$x_M = x - r \sin \tau; \quad y_M = y + r \cos \tau, \tag{9}$$

und die Tangentenabrückung ist

$$\Delta r = y_M - r = y - r(1 - \cos \tau). \tag{9a}$$

Diese Werte sind für Tangentenwinkel von 0^g bis 150^g von Tausendstel zu Tausendstel der Bogenlänge bis auf 7 Dezimalstellen vertafelt. Daraus erhält man X, Y, X_M und Y_M und ΔR, indem man die Tafelwerte mit A multipliziert.

Außer den Tafeln der Einheitsklothoide enthält das Werk von Kasper, Schürba und Lorenz Tafeln der *Normklothoiden*. Diese geben die endgültigen Absteckungsdaten für eine größere Anzahl ausgewählter Klothoiden mit runden Parametern, runden Bogenlängen oder runden Radien für den Hauptbogen. Dabei sind die Tafelintervalle naturgemäß wesentlich größer gewählt worden.

Das Werk enthält darüber hinaus noch Hilfstafeln für das Projektieren. Endlich sind im Text Näherungsformeln gegeben, von denen Ziff. 57.4 eine Auswahl bringt.

57.4 Näherungen bei flachen Klothoiden. Der Richtungswinkel einer Klothoidensehne (Bild 93) ist, wenn L_1 und L_2 die von $ÜA$ an gerechneten Klothoidenlängen bis P_1 und P_2 sind, genähert

$$\varphi_{12} \approx \frac{\varrho}{6 A^2} (L_1^2 + L_1 L_2 + L_2^2). \tag{10}$$

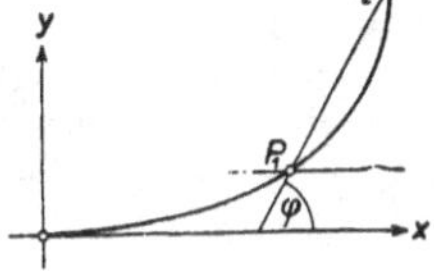

Bild 93.

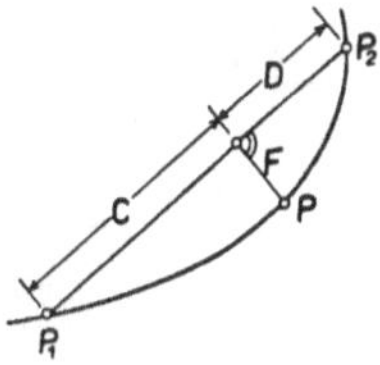

Bild 94.

Diese Formel liefert φ_{12} auf etwa 20^{cc} richtig, solange die Pfeilhöhe (12) kleiner bleibt als 0,02 A. Mit Hilfe von (10) lassen sich nachstehende Einrückungsformeln ableiten:

a) *Abstecken von der Sehne* (Bild 94).

$$C = L - L_1\,;\quad D = L_2 - L\,;\quad F \approx \frac{CD}{6\,A^2}\,(L_1 + L_2 + L)\,. \tag{11}$$

Für $C = D$ folgt mit $B = L - L_1 = L_2 - L$ die Pfeilhöhe F_0 aus

$$F_0 \approx \frac{B^2 L}{2\,A^2}\,. \tag{12}$$

b) *Abstecken von der Sekante* (Bild 95). Liegt P in Richtung der Krümmungszunahme, so ist

$$U = L - L_2\,;\quad V \approx \frac{(L - L_1)\,(L - L_2)\,(L_1 + L_2 + L)}{6\,A^2}\,. \tag{13}$$

Liegt P in Richtung der Krümmungsabnahme, so sind P_1 und P_2 auszutauschen.

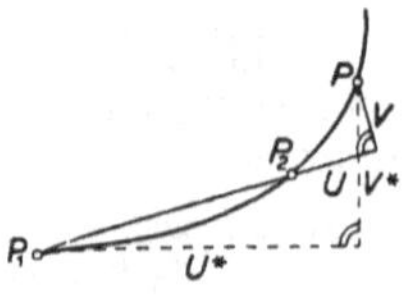

Bild 95.

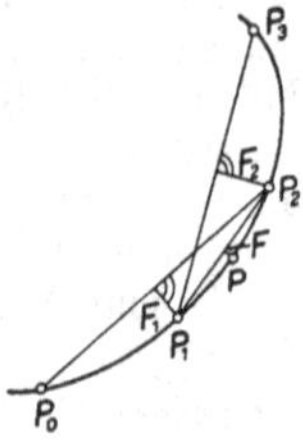

Bild 96.

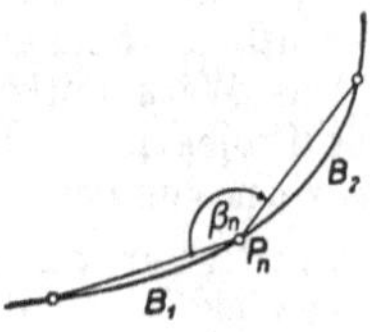

Bild 97.

c) *Abstecken von der Tangente* (in Bild 95 gestrichelt).

$$U^* = L - L_1\,;\quad V^* \approx \frac{(L - L_1)^2\,(2\,L_1 + L)}{6\,A^2}\,. \tag{14}$$

d) *Zweiachtelmethode* (Bild 96). Bei diesem der Viertelsmethode beim Kreis [55] entsprechenden Verfahren gebraucht man 4 gleichabständig verpflockte Klothoidenpunkte. Man mißt zunächst die Pfeilhöhen F_1 und F_2 und errechnet die Pfeilhöhe F in P aus

$$F \approx \frac{F_1}{8} + \frac{F_2}{8}\,. \tag{15}$$

e) *Abstecken eines Sehnenpolygons.* Man berechnet die Sehnen und Brechungswinkel für beliebig lange Sehnen am besten aus rechtwinkligen Koordinaten. Für die Brechungswinkel zwischen kurzen Sehnen (Bild 97) gibt zweimalige Anwendung von (10), wenn unter B_1 und B_2 die Längen der Bögen verstanden werden,

$$\beta_n \approx 200^g - \frac{\varrho}{6A^2}(B_1 + B_2)(3L_n + B_2 - B_1). \tag{16}$$

58 Bogenabsteckung nach dem Nalenzverfahren

58.1 Grundgleichungen und Winkelbild. Der Eisenbahnlandmesser Nalenz hat sein Verfahren ursprünglich (1898) zur Wiederherrichtung ausgefahrener Gleise entwikkelt. Um dabei nicht wie bei der Erstabsteckung auf die oftmals weitabliegenden Tangenten zurückgehen zu müssen, benutzt er das vorhandene Gleis als Standlinie, von der aus die verbesserte Gleislage ohne Hilfslinien mit einfachen Stichmaßen (Verschiebungsmaßen) abgesetzt werden kann.

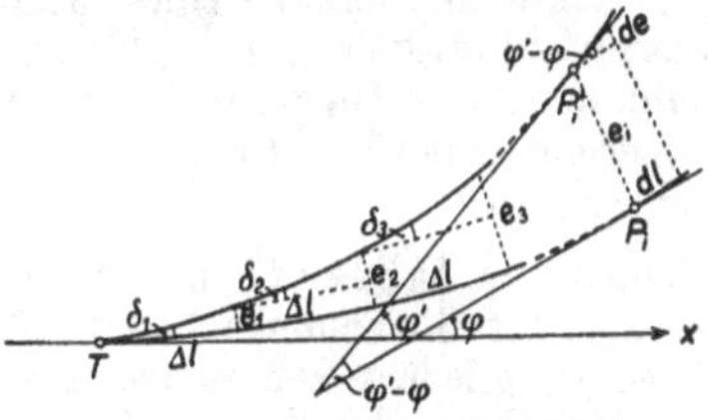

Bild 98.

Eine Formel zur Berechnung der Verschiebungsmaße e_i ist leicht anzugeben. Man betrachte zwei in mäßigem, jedoch wechselndem Abstand nebeneinander laufende flache Bögen, die im Punkt T des Bildes 98 eine gemeinsame Tangente haben. Die Richtungswinkel beliebiger Tangenten seien bei dem einen Bogen mit φ, bei dem anderen mit φ' bezeichnet. Unter der Voraussetzung, daß die von T bis zu zwei einander gegenüberliegenden Punkten P und P' beider Bögen reichenden Bogenlängen l_i und l'_i nahezu gleich sind, ändert der Abstand der Kurven sich, wenn l um dl vergrößert wird, um das Stück

$$de = \tan(\varphi' - \varphi)\,dl \approx (\varphi' - \varphi)\,dl,$$

woraus folgt

$$e = \int (\varphi' - \varphi)\,dl. \tag{1}$$

Das wichtigste technische Hilfsmittel zur Auswertung dieser Formel ist das *Winkelbild*. Darunter wird ein Diagramm verstanden, in dem als Abszissen die Bogenlängen und als Ordinaten die analytischen Maße der Tangentenrichtungswinkel φ aufgetragen sind. Da φ gleich dem vom Radius des Berührungspunktes an gemessenen Zentriwinkel ist (Bild 99), besteht, wenn unter k die laufende Krümmung der Bögen verstanden wird, die Beziehung

$$\left.\begin{aligned} d\varphi &= \frac{1}{r}\,dl = k\,dl \\ \text{oder}\quad \varphi &= \int k\,dl. \end{aligned}\right\} \tag{2}$$

Das Winkelbild ist also gleichzeitig die Integralkurve des Krümmungsbildes [57.1]. Im besonderen ist das Winkelbild einer (beliebig gerichteten) Geraden eine Parallele zur Abszissenachse, das eines Polygonzuges eine Treppenkurve, das eines Kreises eine der Krümmung des Kreises entsprechend mehr oder weniger geneigte Gerade und das einer Klothoide eine quadratische Parabel.

58.2 Das Nalenzverfahren*) besteht in der praktischen Auswertung der Gleichungen (1) und (2) mit Hilfe des Winkelbildes. Es gliedert sich in das Bestimmen der Krümmung der Standlinie, das Zeichnen des Winkelbildes der Standlinie sowie des Entwurfs (d. h. der in Aussicht genommenen Sollage des Bogens) und endlich die Berechnung der Verschiebungsmaße durch graphische Integration über die Ordinatendifferenzen des Winkelbildes im Summenbild. Im einzelnen sehen diese Schritte, wenn z. B. ein Kreisbogen mit zwei Übergangsbögen gem. Bild 90 abgesteckt werden soll, folgendermaßen aus:

a) *Zum Bestimmen der Krümmung* unterteilt man die als Standlinie gewählte Schiene in gleich lange Abschnitte Δl

*) Näheres Volquardts-Matthews, Vermessungskunde II (1967) S. 152ff.

von 10 oder 20 m (Bild 99). Dann fluchtet man die Sehne s zwischen je zwei durch einen Zwischenpunkt getrennten Bogenpunkten mit Hilfe eines gespannten Drahtes oder eines Visiergerätes durch und mißt am Zwischenpunkt die Pfeilhöhe h. Zwischen der Pfeilhöhe und der Krümmung k bzw. dem Krümmungshalbmesser r besteht nach 55 (3) genähert die Beziehung

$$k = \frac{1}{r} = \frac{8\,h}{s^2}\,. \qquad (3)$$

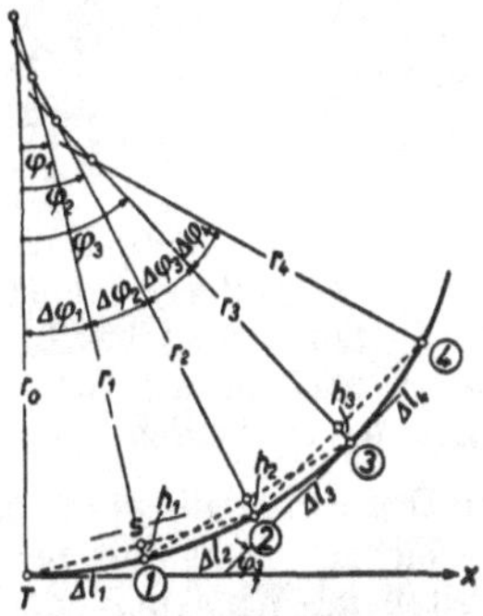

Bild 99.

b) *Das Winkelbild der Standlinie* (Bild 100 oben). Grundlage für die Berechnung der Abszissen sind die Bogenlängen

$$l_i = \Delta l_1 + \Delta l_2 + \ldots \Delta l_i = \sum_1^i \Delta l_i. \qquad (4)$$

Zur Berechnung der Ordinaten gibt Bild 99

$$\varphi_i = \Delta\,\varphi_1 + \Delta\,\varphi_2 + \ldots \Delta\,\varphi_i = \sum_1^i \Delta\,\varphi_i.$$

Für die $\Delta\,\varphi$ aber gilt wegen (3) und $s \approx 2\Delta\,l$

$$\Delta\,\varphi_i = \frac{\Delta l}{r} = \frac{2}{\Delta l}\,h_i, \text{ woraus folgt}$$

$$\varphi_i = \frac{2}{\Delta l}\,(h_1 + h_2 + \ldots h_i) = \frac{2}{\Delta l}\,\sum_1^i h_i. \qquad (5)$$

Dabei werden die Pfeilhöhen für Linksbögen positiv, für Rechtsbögen negativ in Rechnung gestellt.

Aus (4) und (5) erhält man schließlich unter Einführen der Maßstabsfaktoren c_x, c_y und c_h als Abszissen und Ordinaten des Winkelbildes

$$x_i = c_x \sum_1^i \Delta l_i, \tag{6}$$

$$y_i = c_y \frac{2}{\Delta l} \sum_1^i h_i = c_h \sum_1^i h_i. \tag{7}$$

Die Abszissen werden von einem in der x-Richtung um $\Delta x/2 = c_x \Delta l/2$ verschobenen Nullpunkt aus abgetragen; die Ordinaten weisen bei Linksbögen nach oben, bei Rechtsbögen nach unten. Ihre Endpunkte werden geradlinig miteinander verbunden.

c) *Das Winkelbild des Entwurfs* (im Bild 100 oben verstärkt gezeichnet) bekommt man, indem man die Unregelmäßigkeiten im Winkelbild der Standlinie nach Augenmaß ausmittelt; dabei müssen jedoch einerseits die in 58.1 bei der Einführung des Winkelbildes gegebenen Zusammenhänge zwischen einer Kurve und ihrem Winkelbild berücksichtigt werden. Sodann müssen die Flächen zwischen den Winkel-

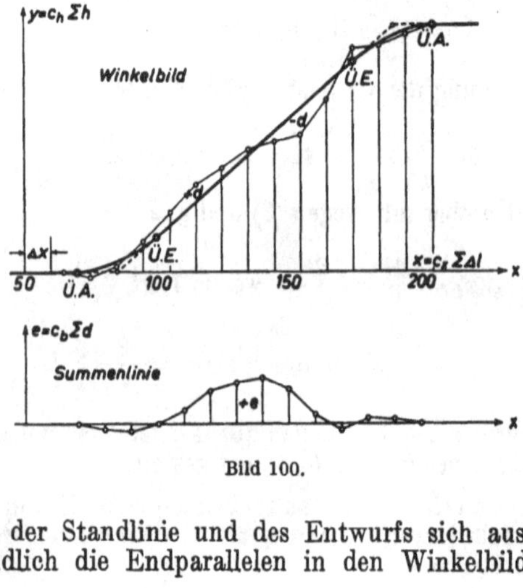

Bild 100.

bildern der Standlinie und des Entwurfs sich ausgleichen und endlich die Endparallelen in den Winkelbildern der

Standlinie und des Entwurfs aufeinanderliegen, damit die Endtangenten beider Bögen zusammenfallen.

d) *Berechnung der Verschiebungsbeträge im Summenbild.* Aus den zwischen den Ordinaten des Entwurfs und der Standlinie auftretenden Unterschieden $(y_E - y_i) = d_i$ erhält man die in dem betreffenden Bogenpunkt bestehenden Richtungsunterschiede $(\varphi' - \varphi) = \delta_i$ aus

$$\delta_i = \frac{d_i}{c_y}\,. \tag{8}$$

Wenn man nun in (1) an Stelle des differentiellen dl das endliche Δl einführt, statt $(\varphi' - \varphi)$ das δ schreibt und das Integral durch Summenbildung ersetzt, so wird

$$l_i = \Delta l \sum_1^i \delta_i = \frac{\Delta l}{c_y} \sum_1^i d_i. \tag{9}$$

Die geometrische Bedeutung dieser Gleichung läßt sich aus Bild 98 ablesen. Für die praktische Rechnung schreibt man sie um in

$$e_i = c_b \cdot b_i. \tag{10}$$

c_b heißt Verschiebungsmaßstab; er ist gem. (9) gleich $\Delta l/c_y$. Um $b_i = \sum_1^i d_i$ zu erhalten, werden im Winkelbild die Abstände d_i von Standlinie und Entwurf auf den Mittelordinaten der Abszissenabschnitte vom Tangentenberührungspunkt an summiert und am Ende des jeweiligen Abszissenabschnittes im Summenbild (Bild 100 unten) als Ordinaten aufgetragen, und zwar positive d-Summen nach oben, negative nach unten. Verbindet man die Endpunkte der Ordinaten, so erhält man die Summenlinie, die an den Stellen, wo im Winkelbild Standlinie und Entwurf einander schneiden, ein Maximum oder ein Minimum hat. Das Produkt aus Ordinate und Verschiebungsmaßstab gibt endlich das in der Örtlichkeit an der der Abszisse entsprechenden Stelle der Standlinie abzusetzende Verschiebungsmaß e_i.

Der Wert des Nalenzverfahrens liegt in erster Linie darin, daß man nur auf dem Bahndamm zu messen braucht.

Das Messen und Abstecken von der Tangente aus, das zumal, wenn die Tangente außerhalb des Bahndamms liegt, umständlich ist und leicht ungenau wird, entfällt.

Um dieses Vorteils willen benutzt man das Nalenzverfahren auch beim Neubau von Gleisen. Als Standlinie dient dabei oftmals irgendein anderes auf dem Bahndamm liegendes Gleis. Ist keines vorhanden, so bestimmt man gleichabständige Bogenpunkte etwa mit Hilfe eines Sehnenpolygons [53.2 und 57.4] und verbessert diese vorläufige Absteckung nach Nalenz. Die Bundesbahn verwendet als Übergangsbogen neben der Klothoide die von G. Schramm angegebene *biquadratische Parabel.* Diese ist eine Kurve IV. Ordnung mit S-förmig geschwungener Krümmungslinie, die dadurch entsteht, daß in dem in Bild 88 wiedergegebenen Krümmungsbild die Knicke in *ÜA* und *ÜE* durch 2 quadratische Parabeln ausgerundet werden. Auch sie kann mit Hilfe des Nalenzverfahrens abgesteckt werden.

58.3 Überblick über die Arbeitsgänge beim Nalenzverfahren

a) *Örtliche Messungen*:

α) Standlinie wählen, z. B. Schiene oder Sehnenpolygon;

β) Einteilen des Bogens in z. B. $\Delta l = 10$ m; $s \approx 2\Delta l = 20$ m;

γ) Pfeilhöhe h_i über den Sehnen s messen, im Feldbuch eintragen und für jeden Punkt P_i $\sum_1^i h_i$ bilden.

b) *Winkelbild auftragen*:

α) Festlegen der Maßstäbe;

Verschiebemaßstab wählen z. B. $c_b = 10 : 1$;
Längenmaßstab wählen z. B. $c_x = 1 : 1000$;
dann ist $\Delta x = \Delta l \cdot c_x = 1000 \text{ cm} : 1000 = 1$ cm,
$c_y = \Delta l \cdot c_b = 1000 \text{ cm} : 10 = 100$ cm,
$c_h = 2c_y : \Delta l = 200 \text{ cm} : 1000 \text{ cm} = 1 : 5$;

β) Im Diagramm die Abszissenachse in Abschnitte von der Größe Δx unterteilen; Pfeilhöhensummen aus Feldbuch entnehmen und um $\Delta x/2$ nach rechts versetzt mit c_h multipliziert als Ordinaten auftragen;

γ) Entwurf eintragen.

c) *Summenbild auftragen*:

α) Ordinatenunterschiede d_i aus Winkelbild entnehmen und für jeden Punkt P_i $\sum_1^i d_i = b_i$ bilden;

β) b_i als Ordinaten auftragen.

d) *Entwurf in die Örtlichkeit übertragen*:

α) b_i aus Summenbild abgreifen und $e_i = c_b \cdot b_i$ bilden;

β) Verschiebungen e_i von der Standlinie aus absetzen.

59 Abstecken und Überwachen von Bauwerken

59.1 Absteckungsgrundlagen. Beim Abstecken größerer Bauwerke wird im Grunde nicht anders vorgegangen als bei der Aufnahme. Man überzieht die Baustelle mit einem Netz von Lage- und Höhenfestpunkten, von denen die erstgenannten bei flächenmäßig ausgedehnten Bauwerken trigonometrisch, bei schmalen langgestreckten Anlagen dagegen durch Feinpolygonierung bestimmt werden. Beide Netze sind nach dem Bauplan so auszuwählen, daß einerseits von den Messungslinien aus die Elemente des Baukörpers bequem abgesteckt werden können, zum anderen die Fest- und Absteckpunkte durch die Bauarbeiten nicht gefährdet und durch Bauablagerungen nicht überdeckt werden. Da erfahrungsgemäß die Bauplanung gerade in diesem Punkt nicht immer eingehalten wird, empfiehlt es sich, die Punkte und die Messungslinien durch zusätzliche Vermarkungen außerhalb des Baugebiets zu versichern. Bei langgestreckten Bauwerken ist es meistens günstiger, nicht die Achse, sondern eine Parallele zu ihr abzustecken.

Wichtige Festpunkte werden durch steinerne Pfeiler vermarkt [Band I Bild 3], die bei Höhenfestpunkten bis in frostfreie Tiefe reichen müssen. Zur Vermarkung nachgeordneter Festpunkte können Pfähle verwandt werden; doch bezeichne man das Punktzentrum durch einen Nagel und schütze den Punkt durch dreiseitige Lattenhürden, die mit einem auffälligen Farbanstrich versehen werden. Zweckmäßig werden auch alle Lagefestpunkte einnivelliert, damit sie aushilfsweise auch als Höhenbezugspunkte zu gebrauchen sind. Alle wichtigeren Festpunkte sollten so ausgewählt und so sorgfältig vermarkt werden, daß sie nach Beendigung der Bauarbeiten zur Schlußvermessung und zur Überwachung des Bauwerks dienen können.

59.2 Abstecken von Brücken. Den Grundriß steckt man zweckmäßig mittels eines selbständigen trigonometrischen Netzes ab [Band II 41], dessen Maßstab durch zwei Grundlinien bestimmt wird, die beiderseits des Flusses möglichst rechtwinklig zur Brückenachse liegen sollen. Von den Punkten dieses Netzes aus werden die beiderseitigen Achspunkte festgelegt und später etwaige feste Punkte auf den Strompfeilern durch Vorwärtseinschneiden eingewiesen. Der Höhenunterschied der Achspunkte muß, falls das Nivellement nicht über eine nahegelegene Brücke gesichert werden kann, durch nivellitischen Stromübergang [Band I 72] bestimmt werden.

Alle Messungen sollen eine Dezimale genauer sein, als es der Bauzweck verlangt. Die Grundlinien werden mit Millimetergenauigkeit in ebenem Gelände mit Schneidenlatten und Meßkeil auf einer aus Brettern gefertigten 1 m hohen Meßbank gemessen [Band I 23 und 25]; bei kupiertem Gelände ist optische Präzisionsdistanzmessung [Band II 22—24] vorzuziehen. Zur Überprüfung der Länge und des Temperaturkoeffizienten der Feinmeßgeräte ist in der Nähe der Baustelle ein Komparator einzurichten, auf dem auch das für die Herstellung der Stahlkonstruktion benutzte Normalmeter zu komparieren ist. Die Winkel werden nach sorgfältigster Zentrierung mit einem Feinmeßtheodolit mit Sekundengenauigkeit, die Höhenunterschiede mit einem Feinnivellierinstrument möglichst auf 0,1 mm beobachtet. Alle Messungen und Rechnungen müssen durchgreifend verprobt werden. Bei Beachtung dieser Regel werden die Messungswidersprüche so gering sein, daß auf eine formelle Ausgleichung nach der Methode der kleinsten Quadrate meistens verzichtet werden kann.

59.3 Tunnelabsteckung. Beim Tunnelbau müssen die beidseitigen Achsenrichtungen und die Tunnelmünder nach Lage und Höhe gegenseitig festgelegt werden. Zur Ermittlung der Lage hat man in allen Regelfällen ein Kleindreiecksnetz anzulegen [Band II 41] und die zum Anweisen der Achsenrichtungen abzusetzenden Winkel nach Band II 32.3 rechnerisch zu ermitteln. Die Höhenunterschiede werden durch ein gut kontrolliertes Feinnivellement ermittelt.

Das Abstecken eines geradlinigen Tunnels besteht in der fortgesetzten Anwendung des in 52.2 geschilderten Verlängerungsverfahrens. Beschreibt die Tunnelachse einen Bogen, so wird sie mit Hilfe eines Sehnenpolygons [53.2] abgesteckt. Fast immer ist die Absteckung auf der einen Seite durch den laufenden Baubetrieb, auf der anderen Seite durch die von Luftfeuchtigkeit und Temperaturgefälle hervorgerufenen Refraktionsstörungen erschwert, so daß von Zeit zu Zeit eine Überprüfung in der in 53.2 am Schluß geschilderten Weise erforderlich ist. Da ein Tunnel mindestens von zwei Seiten aus vorgetrieben wird, müssen alle Längen-, Richtungs- und Höhenmessungen mit höchster Sorgfalt unter Beachtung aller Instrumentalfehler und gewöhnlich auch mit größter Schnelligkeit durchgeführt werden. Bei Tunnels im Hochgebirge muß u. U. noch die Lotablenkung durch die Massen der umliegenden Berge in Rechnung gestellt werden.

59.4 Überwachung von Bauwerken. Bei allen größeren Bauwerken ist von Baubeginn an mit Setzungen zu rechnen. Die Bauwerke können ferner im Laufe der Zeit unter dem Einfluß von Temperatur, Feuchtigkeit und Bodenbewegungen Deformationen erleiden. Zur Überwachung dieser Erscheinungen werden Kontrollbolzen in Horizontal- und Vertikalreihen über das Bauwerk verteilt. Für die Kontrollbolzen werden von Festpunkten aus, die mindestens ein Jahr vor Beginn an sicheren Standorten eingebracht sein sollen, die Raumkoordinaten (x, y, z) bestimmt und in geeigneten Zeitabständen überprüft. Aus den Änderungsbeträgen Δx, Δy und Δz kann dann auf Bewegungen oder Veränderungen des Baukörpers geschlossen werden.

Ist z. B. eine Staumauer zu überwachen, so läßt man Kontrollbolzen auf der Mauerkrone und an der Mauerfront ein. Die Bolzen auf der Mauerkrone überprüft man ihrer Höhe nach durch ein Feinnivellement über die Mauer. Durchbiegungen der Mauer, wie sie beim Aufstau eintreten können, lassen sich erfassen, indem man über dem Bolzen im Scheitelpunkt der Mauer eine verschiebbare Zielmarke aufstellt und diese zwischen zwei außerhalb der Mauer im festen Gestein verankerten Kontrollmarken einfluchtet. Die feinmechanischen Firmen bieten dazu sogenannte Talsperrenmeßgeräte an, die aus einer Kombination eines leistungsstarken Fernrohrs mit besonders ausgebildeten Zielmarken bestehen. Die Kontrollbolzen an der Mauerfront werden mit einem sorgfältig zentrierten und orientierten Feinmeßtheodolit von zwei auf festem Boden dauerhaft errichteten Betonpfeilern aus ihrer Lage nach durch Vorwärtseinschneiden und ihrer Höhe nach mit Hilfe der trigonometrischen Höhenmessung bestimmt und kontrolliert.

Etwaige Höhenänderungen erkennt man durch Vergleichen der Zenitdistanzen. Lageänderungen der Mauerbolzen bewirken, daß zu verschiedenen Beobachtungszeiten verschiedene Richtungen erhalten werden. Zur Auswertung der Richtungsdifferenzen fertigt man zunächst einen genauen Grundriß des Bolzen- und Pfeilersystems etwa im Maßstab 1 : 500. Sodann berechnet man die den Richtungsdifferenzen δ_i entsprechenden seitlichen Verschiebungen d_i [52.5] und zieht im Plan unter Beachtung des Vorzeichens der δ_i bzw. d_i in 10fach vergrößertem Abstand d_i Parallelen zu den Strahlen, die den Zielpunkt P_i im Grundriß festlegen (Bild 101).

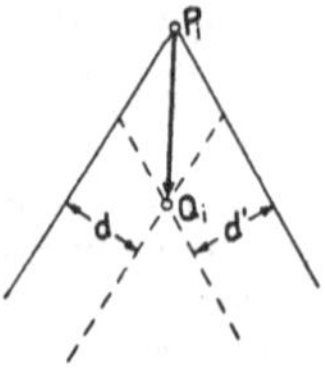

Bild 101.

Die Parallelen mögen sich in Q_i schneiden; dann kann der Verschiebungsvektor $\overline{PQ}$ in 10fach vergrößertem Maßstab aus dem Plan entnommen und in seine Komponenten zerlegt werden.

Bei allen Absteckungs- und Überwachungsmessungen bedarf es zum Erzielen eines vollen Erfolges einer intensiven und vor allem rechtzeitig einsetzenden Zusammenarbeit von Bau- und Vermessungsingenieuren, damit schon im Interesse der Wirtschaftlichkeit die Reihenfolge von Bauarbeiten und Messungen festgelegt und die Durchführbarkeit gesichert wird. Gleichzeitig muß geklärt werden, welche Meßgenauigkeit notwendig, hinreichend und wirtschaftlich tragbar ist.

Schrifttum

Eine Auswahl neuerer geodätischer Lehr- und Handbücher ist in Bd. I und II jeweils auf der letzten Seite angegeben. Darüber hinaus beachte die nachstehenden Sonderveröffentlichungen.

Zu 1) und 2) Trigometrische und barometrische Höhenmessung

Jordan-Hammer: Barometrische Höhentafeln. 5. Auflage, Stuttgart 1944, Metzler.

Robitzsch: Ausführliche barometrische Reduktions- und Höhentafeln. Leipzig 1939, Keller.

Pötzschner: Höhenmessung mit Feinbarometern. Hannover 1955, Niedersächsisches Landesvermessungsamt.

Zu 3) und 4) Tachymetrische und topographische Instrumente und Verfahren

von Gruber: Optische Distanzmessung und Polygonierung. 2. Auflage, Berlin 1955, Wichmann.

Handbuch für die topographische Aufnahme der deutschen Grundkarte. Stuttgart 1956, Landesvermessungsamt Baden-Württemberg.

Jordan-Gotthardt: Hilfstafeln für Tachymetrie. 15. Auflage, Stuttgart 1961, Metzler. (Für Sexagesimalteilung.)

Reger: Tachymetertafeln für neue Teilung. 2. Auflage. Stuttgart 1956, Metzler.

Prokes: Tachymetertafeln Tata 100. Berlin-Grunewald 1943, Wichmann.

Grabner: Tachymetrische Interpolationstafeln für 400^g und 360°-Teilung.

Zu 5) Absteckungen

Sarazin-Oberbeck-Höfer: Taschenbuch zum Abstecken von Kreisbögen für Altgrad. 70. Auflage, Berlin 1943, Springer.

Höfer: Taschenbuch zum Abstecken von Kreisbögen für Teilung des Kreises in 400^g. 7. Auflage, 1964, Springer.

Schramm: Bogengestaltung und Bogenabsteckung. 2. Auflage, Berlin-Bielefeld-München 1954, Schmidt.

Schramm: Der Gleisbogen. 4. Auflage, Darmstadt 1962, Elsner.

Kasper-Schürba-Lorenz: Die Klothoide als Trassierungselement. 5. Auflage, Bonn 1968, Dümmler.

Krenz-Osterloh: Klothoiden-Taschenbuch. 7. Auflage, Wiesbaden 1963, Bauverlag.

Voss: Geodätische Messungen bei der Errichtung und Überprüfung von Brücken. Dissertation Universität Bonn 1953.

Ulbrich: Geodätische Deformationsmessungen an Staumauern und Großbauwerken. Österr. Zeitschrift f. Vermessungswesen, Sonderheft, Wien 1956.

Untersee: Die Geodätische Methode zur Ermittlung der räumlichen Deformation von Staumauern. Schweizerische Landestopographie, Wabern bei Bern 1951.

Bögen im Straßenbau. Zwei Trassierungshefte der Allgemeinen Vermessungsnachrichten. Verlag Wichmann, Berlin-Grunewald 1957.

Weber: Kreisbogenabstecktafel. Bauverlag Wiesbaden-Berlin 1961.

Sachverzeichnis

RTa 4 Diagramm-Reduktions-tachymeter

für vertikale Latte, statische Kurvenanordnung, Nah- und Weitmeßbereich für die Entfernung.
Fernrohr 25×40, aufrechtes Bild.
Genauigkeitsnennwert (Entfernung): ±5 cm/100 m.

Handbuch der Mathematik

Unter Mitarbeit von zahlreichen Fachgelehrten

Herausgegeben von Dr. L. Kuipers und Dr. R. Timman
Deutsche Übersetzung von Dr. A. Oberschelp

Groß-Oktav. XX, 830 Seiten. 1968.
Plastikeinband DM 48,—

Das Handbuch enthält eine moderne und verständliche Einführung in die höhere Mathematik. Dargestellt werden zahlreiche Gebiete, die entweder unmittelbar auf Probleme der Praxis angewandt werden können oder die zum theoretischen Verständnis von Anwendungsmethoden notwendig sind. Das Buch gewinnt durch zahlreiche ausführliche Beispiele. Es wird also als Lehrbuch und als umfassendes Nachschlagewerk für alle diejenigen wertvoll sein, die in Technik und Naturwissenschaften mit mathematischen Methoden arbeiten, und auch dem Mathematiker wird diese zusammenfassende Darstellung zum Nachschlagen und zur Information nützlich sein.

Aus dem Inhalt:

Aus der Geschichte der Mathematik — Zahlensysteme — Lineare Algebra — Analytische Geometrie — Analysis — Zahlenfolgen und Reihen — Funktionentheorie — Gewöhnliche Differentialgleichungen — Spezielle Funktionen — Vektoranalysis — Partielle Differentialgleichungen — Numerische Analysis — Laplace-Transformationen — Wahrscheinlichkeitsrechnung und Statistik

---

Walter de Gruyter & Co · Berlin 30

FSC
www.fsc.org
MIX
Papier | Fördert gute Waldnutzung
FSC® C083411

Kolibri 360 GmbH
Ferdinand-Jühlke-Straße 7
99095 Erfurt, Deutschland
produktsicherheit@kolibri360.de